위대한
매일 영어

위대한 매일 영어 쭘1

지은이 오석태
초판 1쇄 발행 2017년 3월 20일
초판 2쇄 발행 2017년 7월 11일

발행인 박효상 **총괄 이사** 이종선 **편집장** 김현 **기획·편집** 박혜민 **디자인책임** 김보연
디자인 싱타디자인 고희선
마케팅 이태호, 이전희 **디지털콘텐츠** 이지호 **관리** 김태옥

종이 월드페이퍼 **인쇄·제본** 현문자현

출판등록 제10-1835호 **발행처** 사람in **주소** 121-839 서울시 마포구 양화로 11길 14-10 (서교동) 4F
전화 02) 338-3555(代) **팩스** 02) 338-3545 **E-mail** saramin@netsgo.com
Homepage www.saramin.com

책값은 뒤표지에 있습니다.
파본은 바꾸어 드립니다.

ⓒ 오석태 2017

ISBN
978-89-6049-623-1 14740
978-89-6049-622-4 (세트)

사람이 중심이 되는 세상, 세상과 소통하는 책 사람in

위대한 매일 영어

쫌 1

오석태 지음

사람in

머리글

꾸준함을 이기는 건 없다

요즘 사람들의 영어 공부하는 모습을 보면서 든 생각을 한마디로 정리한다면 '영어 공부 포기하는 편이 낫겠다'이다. 정말 평생 기초만 (그마저도 끝까지 못한다!) 전전하다 끝없이 포기라는 수렁에 빠져들 거라면 그냥 포기하는 편이 낫겠다. 진정한 영어 실력 향상은 뒷전이고 그저 누가 뭐 좋다 하면 우- 따라 하는 팔랑 귀에 의존해 여기저기 기웃거리며 줏대 없이 굴 거라면 그냥 포기하는 게 낫겠다.

그 많은 교재와 학습 방법이 범람하는 요즘, 30년 전 수준으로 돌아가 바닥을 치고 있는 작금의 영어 현실을 보면 절로 가슴이 쳐진다. 이건 해결책도 보이지 않는다. 이 와중에 근본 없는 외침으로 자신이 교육을 상대로 도적질하고 있다는 사실도 모른 채, 또는 모른 척하며 떠드는 '거리 도적패'들의 득세에 헛구역질이 난다.

이런 때에 한 사람이라도 이것이 옳은 교육이고 이것이 옳은 길이라고 정확히 외칠 수 있어야 한다는 생각이다. 몸에 근육을 키우기 위해서, 혹은 뱃살을 빼기 위해서는 지속적인 운동이 필요하다. 매일, 쉼 없이, 꾸준히 해야 한다. 이건 학습과 관련된 뇌도 마찬가지이다. 뇌에 근육을 키우기 위해서는 매일, 쉼 없이, 꾸준히 뇌 운동을 해야 한다. 영어라고 다를까? 영어 역시 잘하려면 매일, 쉼 없이, 꾸준히 해야 한다. 그래야 영어에 탄력이 생긴다. 그래야 실력이 생기고 자신이 당당해진다. 당당해져야 영어에 관해 떠드는 '거리 도적패'들에게 현혹되지 않고 자기 갈 길을 갈 수 있다.

그렇게 하겠다고 마음먹은 이들에게 등장한, 영어 실력 향상에 디딤돌이 될 〈위대한 매일 영어 쫌〉. 거짓 기초에만 휘둘리고, 벙어리 기초에만 속아 왔던 시간들을 보상해 주리라 믿는다. 영어가 무엇인지 제대로 알아보고 영어를 통해 내 미래를 세울 수 있는 혜안을 던져 줄 것이다. 이제 우리에게 새로운 시대가 열린다.

저자
오석태

왜 〈위대한 매일 영어〉여야 하는가?

매일 느끼는 꾸준한 성취감!

어렸을 때, 매일매일 집으로 날아오던 일일공부 한 장의 추억, 다들 조금씩은 있죠? 사람들에게 일일공부 학습지에 대한 추억을 물어보면 대개 '좋았다', '괜찮았다'라고 대답합니다. 이렇게 일일공부 학습지에 대한 추억이 시간이 흐른 후에도 나쁘지 않은 건, 어렵지 않으면서 분량도 부담스럽지 않아 단번에 풀고 나가 놀 수 있기 때문이었을 거예요. 또 앉은 자리에서 끝내니까 성취감도 느낄 수 있고, 매일매일 하다 보니 뭔가 머릿속에 쌓이는 것 같기도 하고요. 그렇습니다. 이 일일공부가 우리들 뇌리에 좋은 이미지로 자리잡을 수 있었던 이유는 꾸준하게 성취감을 느끼게 했기 때문입니다. 이 꾸준한 성취감을 영어에서 느껴 보게 하면 사람들이 영어를 잘, 제대로 하지 않을까 생각하며 기획한 것이 바로 〈위대한 매일 영어〉입니다. 한마디로, 영어 일일공부 성인판인 셈이지요.

〈위대한 매일 영어〉 카테고리

위대한 매일 영어 쌩
정말 영어 쌩초짜들을 위한 3無(부담, 억압, 진땀) 책
(근간 예정)

위대한 매일 영어 쫌
영어를 아주 못하진 않지만 '쫌' 하는 것과는 거리가 살짝 먼 사람들을 위한 고육지책

위대한 매일 영어 꽤
영어 쫌 한다는 말을 수시로 듣지만 자기만족 5% 부족한 독자들의 필독서
(근간 예정)

과유불급 방지!

자, 여기 영어를 공부하겠다고 마음 먹은 A 씨를 볼까요? '어학의 기초는 문법이니까 문법은 기본이고, 단어를 알아야 확장이 되니까 놓치면 안 돼. 말을 못하면 안 되니까 회화도 신경 써야 하고, 아! 작문도 해야지. 어쨌든 골고루 다 해야 해.'라고 생각해서 각 분야에 관련된 책을 구비합니다. 그리고 하루에 각 책의 한 챕터씩 하겠다고 굳게 다짐하죠. 하지만, 실제로는 그렇게 하려다가 하루도 못 가서 포기하고 맙니다. 왜냐고요? 너무 무리이기 때문입니다.

언어의 4대 영역(말하기, 듣기, 읽기, 쓰기)을 골고루 하겠다는 건 정말 좋은 생각입니다. 하지만, 해당 책의 챕터 하나가 보통 10페이지, 짧아도 6페이지인데 다 보려면 24~40쪽을 봐야 합니다. 거기에 문법과 단어책까지 욕심을 부린다면 아무리 못해도 40페이지 넘게 공부를 해야 하지요. 재미있는 소설책도 아닌데 하루에 이 분량을 매일 할 수 있을까요? 토익이나 토플처럼 취업이나 진학 목표가 뚜렷이 있는 것도 아닌데요?

사람의 집중력은 한계가 있어서 뭔가를 시작해 가장 집중할 수 있는 시간은 50분 정도입니다. 이 시간을 넘어가면 그냥 눈으로 보는 것 외에는 의미가 없습니다. 그래서 하루에 40페이지 넘게 영어를 한다는 것 자체가 무리입니다. 그리고 언어라는 것은 반복이 중요해서 오늘 배운 걸로 끝이 아닙니다. 계속 반복해 줘야만 두뇌 속에 자리잡아 자기 것이 되는 것이죠. 이렇게 다하려면 절대 시간이 부족하고 결국 하루 만에 영어에 KO패를 당하게 되는 것입니다.

이런 것을 방지하고 하루에 딱 소화할 만큼만 세심하게 고려하여 내놓은 것이 바로 〈위대한 매일 영어〉입니다. 밀리지만 않고 하면 영어 실력 향상, 보장합니다!

100세까지 갈 영어 버릇 장착

여러분이 아마 어렸을 때는 일일공부 학습지를 5분도 채 되지 않게 무서운 속도로 집중하고 풀었을 것입니다. 지금은 성인이 되었으므로, 집중 시간을 45분으로 잡았습니다. 어린 시절의 일일공부가 앞뒤 두 페이지로 가뿐했다면 성인인 여러분께는 6페이지가 가뿐할 것입니다. 어릴 때 풀던 일일공부가 (그때는 우리가 잘 몰랐지만) 수리, 도형, 공감각력, 인지, 이해 각 분야를 로테이션하면서 다뤘다면 여러분이 접할 이 책에서는 영어의 4대 영역(독해, 회화, 작문, 듣기)에 문법과 단어까지 골고루 다룹니다.

이 책 한 권으로 영어가 완전히 해결된다는, 그런 말도 안 되는 거짓 공약은 하지 않습니다. 그렇지만 확실히 말씀드릴 수 있는 것은 이 책으로 하면 하루하루 영어에 관해 뭔가를 자신이 하고 있다는 성취감은 확실히 들 것입니다. 그렇게 매일 매일의 성취감이 쌓이면 여러분의 영어가 위대해지는 것이고요.

하나의 행동이 습관으로 굳어지는데 걸리는 시간이 21일, 3주라고 합니다. 매일 45분만 이 책에서 하라는 대로 해보세요. 그러면 하나는 보장합니다. 매일 영어를 하게 되는 습관이 들게 됩니다. 이 책의 최대 목표 중 하나가 바로 습관 들이기입니다. 습관 들이기에 성공했다고요? 영어의 반은 넘은 셈입니다. 나머지 절반은, 그대로 꾸준히 계속 열심히 하는 것입니다. 앞으로 계속 나올 〈위대한 매일 영어〉와 함께 말이죠.

KEY POINTS
- 꾸준히 일정 강도 이상을 넘어가게 하라!
- 임계점이 넘어가도록 공부를 습관화하라!
- 무엇보다도 매일 하는 것, 그 자체로 이미 당신은 위대하다!

영어 일일공부 성인판,
〈위대한 매일 영어 쫌〉 구성과 학습법

〈위대한 매일 영어 쫌〉의 특징과 구성

1. 총 2권, 각 권 20일 학습 구성
2. 부담없이 할 수 있는 정해진 학습 분량
3. 꾸준한 성취감을 느끼게 하는 점증적 구조
4. 기억이 오래 가는 반복 학습 구성

1. 재미있고 정보가 살아 있는 지문
2. 읽기, 듣기, 문법, 어휘, 쓰기, 말하기의 유기적인 학습 구조
3. 펜을 들어 쓰고, 말을 하고, 집중해 들어야 하는 적극적인 학습 활동 배치

〈위대한 매일 영어 쫌〉 이런 사람들에게 딱!

★ 독해 지문 같은 건 대충 읽으면 이해

★ 단어도 무슨 뜻인지 대강 유추도 가능

★ 그런데 뭔가 불만족스러움

★ '어쭈! 쫌 하는데.' 이 말을 듣는 게 소원

Day별 구성과 학습법

아이들이 새로운 것을 배울 때 습득력이 어른보다 좋은 이유가 무엇인지 아시나요? 바로 가르쳐 주는 사람이 하라는 대로 잘 따라 하기 때문입니다. 여러분도 이 〈위대한 매일 영어 쫌〉을 하게 될 때는 마치 어린 아이가 선생님 말씀을 듣고 하라는 대로 그대로 하는 것처럼, 책에서 하라는 대로 그대로 따라 하면 됩니다. '이런다고 뭐가 되겠어?'라고 의심을 가지지 마세요. 의심을 가지는 순간 아무것도 되지 않게 됩니다. 건승을 빕니다!

그날 배울 지문입니다. 재밌고 유익한 정보의 내용으로, 각 문장의 주어와 동사는 색깔로 구별해 의미와 구조 파악에 도움이 되게 했습니다. 색깔로 표시된 주어, 동사를 제외한 나머지는 목적어 또는 보어이거나 문장을 수식하는 문장들입니다.

HOW TO
색깔로 표시되지 않는 부분들이 문장에서 어떤 역할을 하는지 곰곰이 생각해 가며 읽다 보면 복잡해 보이던 문장 구조가 잘 파악됩니다.

그날 공부할 부분의 전체 내용 소개예요.

HOW TO
배경 지식으로 작용해 지문을 훨씬 쉽게 읽을 수 있게 하니까 꼭 읽으세요.

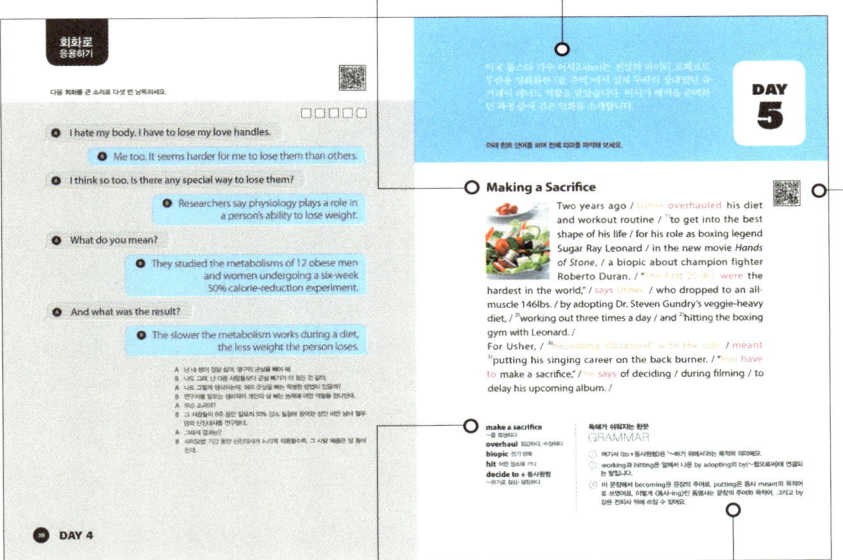

독해 지문을 외국인 성우의 깔끔한 목소리로 녹음했습니다.

HOW TO
실력이 좀 된다 하는 분들은 이 QR 코드를 찍어 먼저 듣고서 지문을 읽으시고요, 그렇지 않다면 지문을 여러 번 읽어 내용을 이해한 다음 들으시면 훨씬 잘 들립니다.

해당 지문을 읽을 때 모르면 해석 자체가 힘든 단어들만 모아놨어요.

HOW TO
지문을 읽다가 막힐 때 살짝 보면서 의미 파악에 주력하시면 됩니다.

해당 지문에서 꼭 알아야 할 문법 사항을 정리했습니다. 복잡한 문장 구조가 한눈에 보이고, 어렵게만 보이던 사항이 쉽게 이해됩니다.

HOW TO
문법 공부, 너무 과해도 부족해도 안 되죠. 여기에 나오는 문법 사항과 문장을 여러 번 읽어서 꼭 이해하고 넘어가면 하루 문법 공부로 충분해요.

지문에 나왔던 어려운 단어, 중요한 단어를 남김없이 수록했습니다.

HOW TO
눈으로만 보면 절대 안 돼요. 영어 단어와 한국어 뜻을 크게 읽으면서 뇌 운동을 한 다음 옆의 밑줄에 정성스럽게 단어와 뜻을 쓰세요. 이렇게 해야 학습 효과가 더욱 좋습니다.

정확한 발음으로 단어를 녹음했습니다.

HOW TO
쓰는 게 끝났다면 QR 코드로 정확한 발음을 듣고 따라 하세요. 듣고 따라 하는 것을 세 번 정도 해 주시면 됩니다.

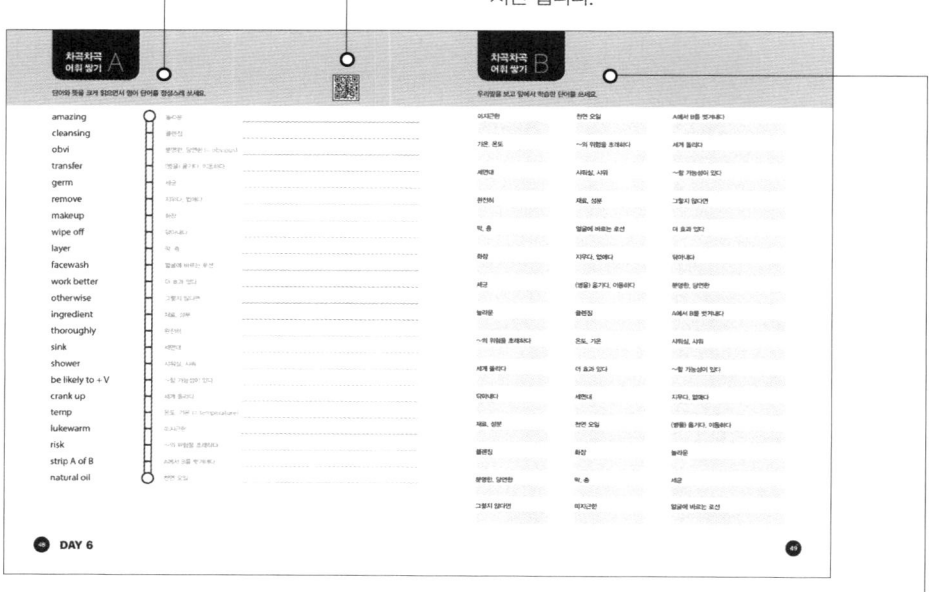

앞에서 배웠던 영어 단어의 한글 뜻을 보고 영어 단어를 써 봅니다.

HOW TO
왼쪽 페이지를 가리고 최대한 아는 데까지 써 보세요. 앞 페이지에서도 써 보고 말해 보고 들었던 단어들이기 때문에 충분히 할 수 있을 거예요.

이제는 독해 지문을 의미 단락으로 끊어서 해석 연습을 합니다. 이렇게 독해 훈련 연습을 하게 되면 눈으로만 읽고 이해해서 저 멀리 날아가던 것들이 여러분의 뇌리에 꽉 박히게 됩니다.

HOW TO
슬래시(/)가 그어져 있는 단락의 의미를 아래 줄에 우리말로 쓰세요.
해석이 유려할 필요는 없습니다. 번역가가 되려는 게 아니니까요.

독해 지문의 정확한 해석이 나와 있습니다. 다른 책에서처럼 유려한 해석이 아니라 슬래시로 끊은 단락에 맞춰 한 해석이라 조금 어색할 수도 있지만, 이렇게 해야 정확하게 문맥을 이해하는 데 도움이 됩니다.

HOW TO
여러분의 단락 해석과 서로 비교하면서 잘못된 부분을 고친 다음 단락 해석을 보고 아래 밑줄에 영어 문장을 기억해 가면서 쓰세요. 이미 여러 번 눈으로 읽고, 귀로 들었고, 단락 해석 확인을 하면서 봤기 때문에 쓸 수 있습니다. 이렇게 하다 보면 작문 연습도 동시에 됩니다.

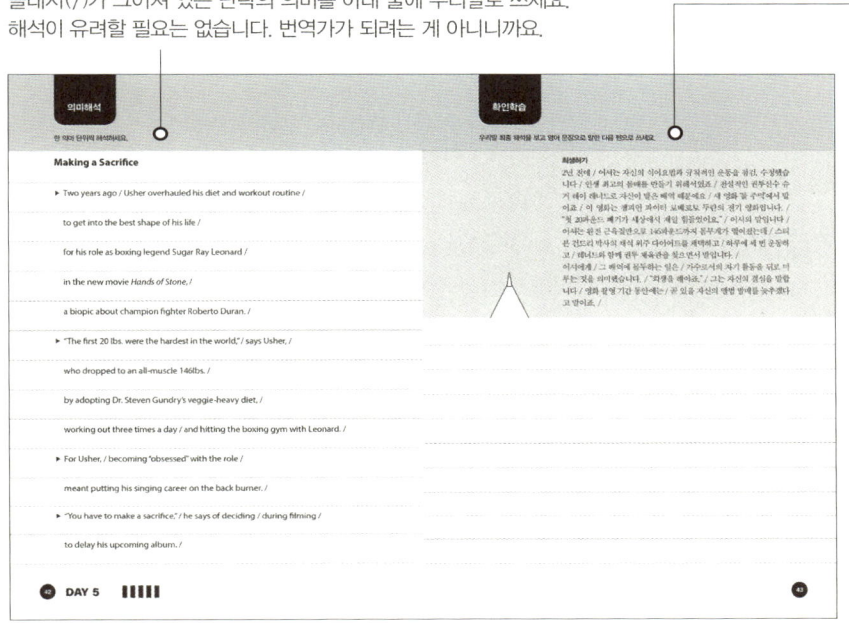

앞의 독해 지문의 내용을 바탕으로 한 회화입니다.

HOW TO
중요한 표현이 그대로 반복되기 때문에 쉽게 이해할 수 있어서 부담이 없습니다. 큰 소리로 다섯 번 읽고 QR 코드로 원어민 발음을 확인하세요.

5일분 학습이 끝나고 각 지문에서 가장 핵심이 되는 내용을 요약한 부분입니다.

HOW TO
알게 된 정보를 사람들에게 알려 주듯이 자연스럽게 말할 수 있게 여러 번 말하기 훈련을 하세요. 거울 앞에 서서 말해 보는 것도 강추입니다. 완전히 달달 외워서 톡 하면 툭 하고 나올 정도가 되는 걸 목표로 하면 됩니다.

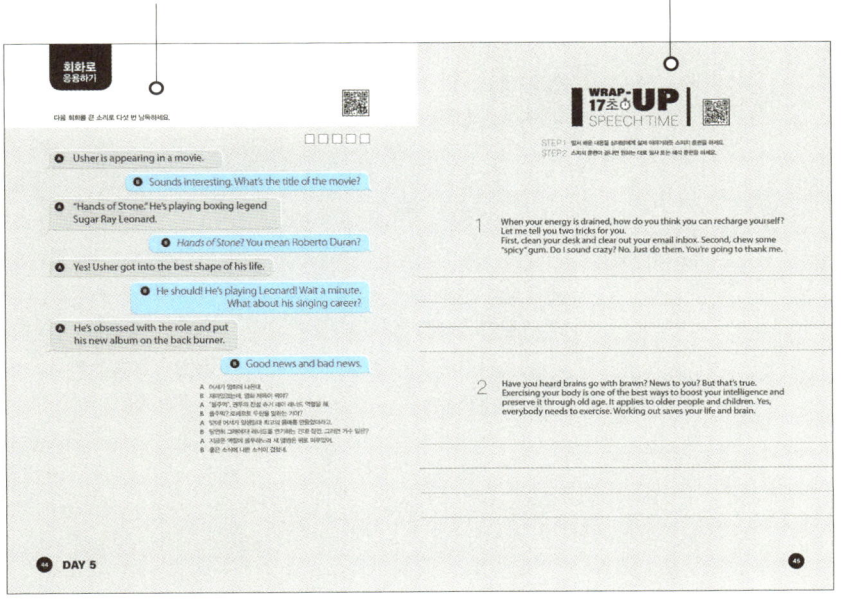

〈위대한 매일 영어 쫌1〉 스케줄러

	1일차	2일차
Week 1 STUDY	**DAY 1**	**DAY 2**
review		DAY 1 지문, 어휘, 회화 낭독 2회
Week 2 STUDY	**DAY 6**	**DAY 7**
review	WRAP-UP 17-SECOND SPEECH DAY 5 지문, 어휘, 회화 낭독 2회	DAY 5 & 6 지문, 어휘, 회화 낭독 2회
Week 3 STUDY	**DAY 11**	**DAY 12**
review	WRAP-UP 17-SECOND SPEECH DAY 10 지문, 어휘, 회화 낭독 2회	DAY 10 & 11 지문, 어휘, 회화 낭독 2회
Week 4 STUDY	**DAY 16**	**DAY 17**
review	WRAP-UP 17-SECOND SPEECH DAY 15 지문, 어휘, 회화 낭독 2회	DAY 15 & 16 지문, 어휘, 회화 낭독 2회

3일차	4일차	5일차	6일차
DAY 3	**DAY 4**	**DAY 5**	**WRAP-UP 17-SECOND SPEECH**
DAY 1 & 2 지문, 어휘, 회화 낭독 2회	DAY 2 & 3 지문, 어휘, 회화 낭독 2회	DAY 3 & 4 지문, 어휘, 회화 낭독 2회	DAY 4 지문, 어휘, 회화 낭독 2회
DAY 8	**DAY 9**	**DAY 10**	**WRAP-UP 17-SECOND SPEECH**
DAY 6 & 7 지문, 어휘, 회화 낭독 2회	DAY 7 & 8 지문, 어휘, 회화 낭독 2회	DAY 8 & 9 지문, 어휘, 회화 낭독 2회	DAY 9 지문, 어휘, 회화 낭독 2회
DAY 13	**DAY 14**	**DAY 15**	**WRAP-UP 17-SECOND SPEECH**
DAY 11 & 12 지문, 어휘, 회화 낭독 2회	DAY 12 & 13 지문, 어휘, 회화 낭독 2회	DAY 13 & 14 지문, 어휘, 회화 낭독 2회	DAY 14 지문, 어휘, 회화 낭독 2회
DAY 18	**DAY 19**	**DAY 20**	**WRAP-UP 17-SECOND SPEECH**
DAY 16 & 17 지문, 어휘, 회화 낭독 2회	DAY 17 & 18 지문, 어휘, 회화 낭독 2회	DAY 18 & 19 지문, 어휘, 회화 낭독 2회	DAY 19 & 20 지문, 어휘, 회화 낭독 2회

차례

꾸준한 것을 이기는 것은 없다	5
왜 〈위대한 매일 영어〉여야 하는가?	6
영어 일일공부 성인판, 〈위대한 매일 영어 쁨〉 구성과 학습법	8
〈위대한 매일 영어 쁨1〉 스케줄러	12

DAY 1 How to Recharge Your Energy 에너지 충전하기 — 15
DAY 2 Brains & Exercise 뇌와 운동 — 21
DAY 3 Back Pain & Clothes 요통과 옷 — 27
DAY 4 Losing Weight 살 빼기 — 33
DAY 5 Making a Sacrifice 희생하기 — 39
WRAP-UP 17-SECOND SPEECH — 45

DAY 6 The Only Way to Wash Your Face 얼굴을 닦는 유일한 방법 — 47
DAY 7 Get Your Parents off Your Back 부모님이 성가시게 행동하지 않도록 하라 — 53
DAY 8 Age is a Mere Suggestion 나이는 단순한 암시일 뿐이다 — 59
DAY 9 The Hard Truths of Globalization 세계화의 냉혹한 진실 — 65
DAY 10 Only Love 단 하나의 사랑 — 71
WRAP-UP 17-SECOND SPEECH — 77

DAY 11 You Can be a YouTube Star Too! 당신도 유튜브 스타가 될 수 있다! — 79
DAY 12 You're Noticing Weird Lines 전혀 예상치 못한 낯선 주름을 목격하다 — 85
DAY 13 I was an Online Bully 나는 인터넷상의 폭군이었다 — 91
DAY 14 Ward off Illness with Food 음식으로 병 막기 — 97
DAY 15 Folding like a Genius will Change Your Life
옷을 능숙하게 개키다 보면 아마 당신 삶이 바뀔 것이다 — 103
WRAP-UP 17-SECOND SPEECH — 109

DAY 16 Visions of a Cure 치료법에 대한 비전 — 111
DAY 17 The Real Science of *Star Trek* 〈스타트렉〉의 현실 과학 — 117
DAY 18 Chilling Effect on Trade 무역에 위협적인 영향 — 123
DAY 19 What Men Live by 사람은 무엇으로 사는가 — 129
DAY 20 Deforestation & Drought 삼림 파괴와 가뭄 — 135
WRAP-UP 17-SECOND SPEECH — 141

직장생활에서 가장 힘든 점 중 하나가 오후에 생기는 무기력 증세죠. 그런데 몇 가지 간단한 행동으로 이 에너지 고갈 상태를 벗어날 수 있답니다. 그 중 가장 쉽게 할 수 있는 두 가지를 소개합니다.

DAY 1

아래 힌트 단어를 보며 전체 의미를 파악해 보세요.

How to Recharge Your Energy

When your energy is drained, / these tricks will help you recharged and ¹⁾be productive / through the end of the day. /

1. Clean your desk / and clear out your email inbox /
Both are relatively mindless tasks / ²⁾that don't require great amounts of concentration / or clear thinking, / and both will leave you feeling more energized. /

2. Chew some "spicy" gum /
Chewing gums with strong minty flavors / is stimulating, / and the mere act of chewing / is something of a tonic to a brain / ³⁾succumbing to lethargy. /

---

drained 진이 빠진
recharged 재충전된
mindless 머리 쓸 필요가 없는
concentration 집중
stimulating 자극하는, 활기를 주는
tonic 강장제
succumb to ~에 굴복하다
lethargy 무력증

독해가 쉬워지는 한끗
GRAMMAR

① 영어는 반복을 싫어해서 반복되는 주어나 동사, 어구는 빼버리고 말해요. 그래서 be 앞에는 these tricks will help you가 생략됐어요.

② 관계대명사 문장은 앞에 나온 단어를 꾸며 주는 일을 해요. [관계대명사+동사 ~], [관계대명사+주어+동사 ~]의 구조로 쓰인다는 것만 알아두면 OK.

③ 문장 맨 앞이나 중간에 동사-ing가 나오면 '~하는, ~한다면, ~하면서' 등으로 문맥에 맞게 이해해 보세요. 여기서는 '~하는'의 의미로 해석하면 자연스러워요.

단어와 뜻을 크게 읽으면서 영어 단어를 정성스레 쓰세요.

drain	진을·물을 완전히 빼다
drained	진이 빠진
trick	좋은 방법, 묘책
recharge	재충전하다, (배터리를) 충전하다
recharged	재충전된
productive	생산적인
clear out	깨끗이 청소하다
email inbox	이메일 수신함
relatively	비교적
mindless	생각이 없는, 머리 쓸 필요가 없는
task	일 (구어체에서는 job)
require	요구하다, 필요로 하다
concentration	집중, 노력
energized	활기 있는, 기운이 난
spicy gum	맛이 강한 껌
minty flavor	박하 맛
stimulating	활기를 주는, 자극적인
mere	단순한
tonic	강장제
succumb to	~에 굴복하다
lethargy	무기력, 무기력증

DAY 1

차곡차곡 어휘 쌓기 B

우리말을 보고 앞에서 학습한 단어를 쓰세요.

강장제	~에 굴복하다	무기력, 무기력증
단순한	활기를 주는	박하 맛
집중, 노력	맛이 강한 껌	활기 있는, 기운이 난
일 (= job)	요구하다	생각이 없는, 머리 쓸 필요가 없는
깨끗이 청소하다	비교적	이메일 수신함
진이 빠진	좋은 방법, 묘책	재충전하다, (배터리를) 충전하다
머리 쓸 필요 없는	일 (= job)	머리 쓸 필요 없는 일
생산적인	무기력, 무기력증	진을·물을 완전히 빼다
맛이 강한 껌	~에 굴복하다	활기를 주는, 자극적인
강장제	활기 있는	요구하다, 필요로 하다
비교적	이메일 수신함	생각이 없는, 머리 쓸 필요가 없는
재충전된	생산적인	좋은 방법, 묘책
집중, 노력	일 (= job)	박하 맛
좋은 방법, 묘책	재충전된	무기력, 무기력증

의미해석

한 의미 단위씩 해석하세요.

How to Recharge Your Energy

▶ When your energy is drained, /

these tricks will help you recharged and be productive /

through the end of the day. /

1. Clean your desk / and clear out your email inbox /

▶ Both are relatively mindless tasks /

that don't require great amounts of concentration / or clear thinking, /

and both will leave you feeling more energized. /

2. Chew some "spicy" gum /

▶ Chewing gums with strong minty flavors / is stimulating, /

and the mere act of chewing / is something of a tonic to a brain /

succumbing to lethargy. /

DAY 1

확인학습

우리말 최종 해석을 보고 영어 문장으로 말한 다음 펜으로 쓰세요.

에너지 충전하기
에너지가 고갈될 때 / 이런 방법들이 재충전이 되게 하고 생산적이 되도록 하는데 도움이 될지 모르겠습니다 / 하루를 마칠 때까지 말이죠. /

1. 책상을 깨끗하게 치우고 / 이메일 수신함을 완전히 비워라. /
둘 다 비교적 별 생각 없이 할 수 있는 일들입니다 / 엄청난 집중력을 요하지도 않고 / 혹은 명확한 사고를 요하지도 않습니다 / 게다가 둘 다 여러분을 에너지가 더 넘치는 상태로 만들어 줄 지도 모릅니다. /

2. '강한 맛'의 껌을 씹어라. /
강한 박하 맛 껌을 씹는 동안 / 몸에 활력이 느껴집니다. / 그리고 껌을 씹는 단순한 행위가 / 뇌에 강장제 역할을 해 줍니다 / 무기력증에 빠진 뇌에 말이죠. /

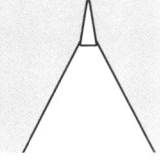

이거 알아요?
껌은 고대 마야족이 '사포딜라'라는 나무의 수액으로 만든 치클을 즐겨 씹은 것에서 출발하게 되었답니다.

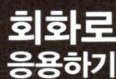

다음 회화를 큰 소리로 다섯 번 낭독하세요.

☐☐☐☐☐

A You look drained[1].

B It shows?[2] Yes, my energy is drained.

A Let me tell you the tricks that will help you recharged. First, clean your desk and clear out your email inbox.

B Okay, I'll try. And any other things that will help me?

A Why don't you chew some spicy gums? Chewing gum can chase away[3] the lethargy in your brain.

B Sounds interesting.

A 기운이 하나도 없어 보이네.
B 그게 티나? 맞아, 진이 다 빠진 느낌이야.
A 내가 재충전에 도움이 될 방법들을 알려 줄게.
　먼저 책상을 깨끗하게 치우고 이메일 수신함을 싹 비워 봐.
B 알았어, 해 볼게. 그리고 다른 건 또?
A 강한 맛이 나는 껌을 씹어 봐.
　껌을 씹는 행위가 뇌의 무기력함을 쫓아낼 수 있거든.
B 재미있네.

---

1) look drained 표정이 기운이 하나도 없어 보이다, 진이 다 빠진 표정이다
2) It shows? 그게 보여? 그게 티나? (= Is that so obvious?)
3) chase away 쫓아버리다

DAY 1

DAY 2

운동은 신년 계획 세울 때만 반짝 하는 게 아니라 평소에 꾸준히 해야 하는 것입니다. 이런 운동은 신체적인 건강 뿐 아니라 뇌 건강까지 좋아지게 한다고 해요. 지능이 높아지고 기억력과 집중력도 좋아진다는 거죠. 뇌와 운동의 상관 관계를 소개합니다.

아래 힌트 단어를 보며 전체 의미를 파악해 보세요.

Brains & Exercise

We tend to assume / that brains don't go with brawn /—but that assumption is turning out / to be seriously flawed. / [1]Exercising the body / is one of the best ways / to boost your intelligence / and [2]preserve [3]it / through old age. /

Consider this : / older people [4]who enjoy mild exercise / —such as gardening—/ are half likely / to suffer from cognitive impairment / [5]as they age. / And pensioners [4]who take a leisurely walk / a few times a week / score better / on attention and memory tests. /

But it's not just older people : / children [4]who walk to school / tend to concentrate better / and [2]get better test results / than those given lifts in the car. /

---

tend to assume ~을 가정하려는 경향이 있다
brawn 체력
flawed 흠이 있는
boost 올리다
preserve 보존하다
on ~의 특정한 부분에서, ~을 주제로 했을 때
those ~인 사람들
give lifts in the car 차를 태워 주다

독해가 쉬워지는 한 끗
GRAMMAR

① Exercising the body는 '몸을 운동하는 것은'의 의미로 동명사가 주어로 쓰였어요.
② 여기서 preserve는 앞의 to와, get은 앞의 tend to와 연결되는 동사입니다.
③ it이 가리키는 것은 바로 앞에 나온 your intelligence예요.
④ 숫자 4)가 붙은 who는 '누구'의 뜻이 아니라 뒤에 나오는 문장을 이끌고 앞에 나오는 단어를 꾸며 주는 역할을 해요. 이때 who 앞에는 사람과 관련된 단어가 나옵니다. (older people, pensioners, children 등)
⑤ as는 뜻이 무척 다양한 단어이지만 여기서는 '~하면서, ~하는 동안에'의 뜻으로 쓰였습니다.

차곡차곡 어휘 쌓기 A

단어와 뜻을 크게 읽으면서 영어 단어를 정성스레 쓰세요.

tend to + V	~하는 경향이 있다
assume	(근거 없이) 가정하다
go with	공존하다, 잘 어울리다
brawn	체력
assumption	가정
turn out to + V	결과적으로 ~이 되다
flawed	흠이 있는
boost	증가시키다
intelligence	지능
preserve	지키다, 보존하다
consider	잘 생각하다, 숙고하다
mild	가벼운
gardening	정원 가꾸기, 원예
half	절반 정도로
be likely to + V	~할 가능성이 있다
suffer from	~로 고통 받다, (질환을) 앓다
cognitive	인식의, 인지의
impairment	장애
age	나이가 들다, 늙다
pensioner	연금 수혜자
take a walk	산책하다
leisurely	한가한, 여유로운
attention	주의, 주목
concentrate	집중하다
give a lift in the car	차를 태워 주다

DAY 2

차곡차곡 어휘 쌓기 B

우리말을 보고 앞에서 학습한 단어를 쓰세요.

주의, 주목	집중하다	차를 태워 주다
연금 수혜자	한가한, 여유로운	산책하다
나이가 들다	인식의, 인지의	장애
~하는 경향이 있다	~로 고통 받다, (질환을) 앓다	~의 가능성이 있다
가벼운	지키다, 보존하다	잘 생각하다, 숙고하다
흠이 있는	증가시키다	지능
체력	가정	결과적으로 ~이 되다
(근거 없이) 가정하다	~하는 경향이 있다	공존하다, 잘 어울리다
장애	정원 가꾸기, 원예	절반 정도로
가정	숙고하다	~의 가능성이 있다
인식의, 인지의	흠이 있는	~로 고통 받다, (질환을) 앓다
증가시키다	체력	산책하다
결과적으로 ~이 되다	나이가 들다	가벼운
한가한, 여유로운	공존하다, 잘 어울리다	연금 수혜자
집중하다	주의, 주목	~하는 경향이 있다

의미해석

한 의미 단위씩 해석하세요.

Brains & Exercise

▶ We tend to assume / that brains don't go with brawn /

　—but that assumption is turning out / to be seriously flawed. /

▶ Exercising the body / is one of the best ways /

　to boost your intelligence / and preserve it / through old age.

▶ Consider this : / older people who enjoy mild exercise /

　—such as gardening—/ are half likely /

　to suffer from cognitive impairment / as they age. /

▶ And pensioners who take a leisurely walk / a few times a week /

　score better / on attention and memory tests. /

▶ But it's not just older people : / children who walk to school /

　tend to concentrate better / and get better test results /

　than those given lifts in the car. /

확인학습

우리말 최종 해석을 보고 영어 문장으로 말한 다음 펜으로 쓰세요.

뇌와 운동

우리는 이렇게 가정하려는 경향이 있어 / 뇌와 체력이란 말은 어울리지 않는다고 말이지 / 하지만 그런 가정이 결과적으로 드러나기를 / 심각한 오류가 있을 거라는 거야. / 몸을 운동시키는 행위는 / 가장 좋은 방법 중의 하나지 / 지능을 향상시키고 / 그 지능을 계속 유지시켜 주는 걸로 말이야 / 나이 들어서까지 계속 말이지. /

이걸 한번 생각해 보자고 / 가벼운 운동을 즐기는 어르신들은 / 정원 가꾸기 같은 거 말이지 / 그런 어른들은 가능성이 절반이야 / 인지 장애를 겪을 가능성 말이야 / 나이가 들어 가면서 그렇다는 거지. / 그리고 평소에 한가롭게 산책을 즐기는 연금 수령자들은 / 1주일에 서너 번 정도 하시는데 / 그런 사람들은 (그렇지 않은 사람들에 비해서) 점수가 더 좋게 나와 / 주의력과 기억력 테스트를 해 보면. /

하지만 이게 어르신들에게만 해당되는 건 아니야 / 학교에 걸어다니는 아이들은 / 집중을 더 잘하는 경향이 있어 / 게다가 시험 성적도 더 좋아 / 차에 태워 데려다 주는 아이들과 비교해서 그렇다는 말이야. /

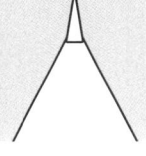

회화로 응용하기

다음 회화를 큰 소리로 다섯 번 낭독하세요.

☐ ☐ ☐ ☐ ☐

A You know what? Brains go with brawn.

B Is that right? How?

A Exercising your body boosts your intelligence and preserves it through old age.

B You're kidding.

A It can reduce the risk of[1] suffering from cognitive impairment as you age.

B Sounds interesting.

A And when children walk to school, they tend to concentrate better and get better test results.

B Wow. You sound like[2] a whiz[3] at science.

A 너 그거 알아? 뇌와 체력은 서로 관계가 있다.
B 그래? 어떻게?
A 운동이 지능을 높여 주고 그걸 나이 들어서도 계속 유지시켜 주는 거야.
B 설마.
A 운동을 하면 나이 들면서 인지 장애로 고통 받을 위험을 줄여 줄 수 있어.
B 흥미롭네.
A 그리고 아이들이 학교에 걸어다니면 집중이 더 잘되고 시험 성적도 더 잘 받는 경향이 있고.
B 와. 너 말하는 게 완전 과학 전문가야, 전문가.

1) reduce the risk of ~의 위험을 줄이다
2) sound like ~처럼 들리다
3) whiz 전문가, 달인

DAY 2

많은 사람들이 요통의 원인을 안 좋은 자세 탓이라고 하지요. 그것도 한 원인일 수 있지만, 몸에 꽉 끼는 옷들이 요통의 요인이 될 수도 있답니다. 이건 특히 여성들에게 해당되겠네요. 요통을 일으키는 옷차림, 그 내용을 함께 나누어 봅니다.

아래 힌트 단어를 보며 전체 의미를 파악해 보세요.

DAY 3

Back Pain & Clothes

You tend to blame back pain / on habits like poor posture, / overly aggressive workouts, / or an awkward sleeping positions. / But your clothes may also 1)be to blame. / Specifically, / outfits that are too tight, / too stiff, or too constricting / can limit your range of motion, / 2)which causes more stress and strain / to fall on your back, neck, and shoulders, / 3)increasing your risk of pain and injury. /
Top offenders are skinny jeans, / pencil skirts, / and compression clothing / or shapewear. / But don't worry, / you don't need to swear off fitted clothes altogether. / Just opt for fabrics with a bit of stretch to them, / and choose a size / that's snug—/ not skintight. /

blame A on B
A를 B의 탓으로 돌리다

range of motion 행동 범위

cause A to + 동사원형
A가 ~하도록 유발하다

don't need to + 동사원형
~할 필요가 없다

swear off
~을 끊겠다고 맹세하다

독해가 쉬워지는 한끗
GRAMMAR

① 〈A be동사 to blame〉은 'A가 책임을 지다, A 탓이다'로 해석하세요.

② which = and it (= your limited range of motion)

③ increasing your risk ~는 원래 and your limited range of motion increases your risk ~였어요. 그런데 영어는 이렇게 〈접속사+동일한 주어+동사〉를 〈동사-ing〉로 바꾸어 쓰는 습성이 있어요. 그래서 문장 맨 앞이나 문장 중간의 comma 뒤에 이렇게 동사-ing형이 나오면 원래는 〈접속사+동일한 주어+동사〉로 쓰였겠구나 생각하세요. 접속사가 어떤 거였느냐에 따라 '~한다면, ~하는 동안, ~하면서, ~하기 때문에, 그래서 ~하다' 등으로 다양하게 해석될 수 있어요.

단어와 뜻을 크게 읽으면서 영어 단어를 정성스레 쓰세요.

blame	탓하다, 책임을 묻다
back pain	요통
overly	몹시
aggressive	공격적인, 적극적인
workout	운동
awkward	어색한, 불편한
specifically	분명히, 특히
outfit	옷, 복장
stiff	뻣뻣한
constricting	수축하는, 조이는
limit	제한하다
range	범위
cause	~을 초래하다, 야기하다
strain	부담, 압박감
injury	부상
offender	범죄자, 범인
pencil skirt	길고 폭이 좁은 치마
compression clothing	압박 의류
shapewear	보정 속옷
swear off	~을 끊겠다고 맹세하다
fitted clothes	몸에 꼭 맞는 옷
altogether	완전히, 전적으로
opt for	~을 선택하다
stretch	신축성
snug	꼭 맞는
skintight	몸에 꽉 끼는

DAY 3

차곡차곡 어휘 쌓기 B

우리말을 보고 앞에서 학습한 단어를 쓰세요.

신축성	꼭 맞는	몸에 꽉 끼는
완전히, 전적으로	~을 선택하다	몸에 꼭 맞는 옷
범죄자, 범인	보정 속옷	압박 의류
부상	~을 끊겠다고 맹세하다	길고 폭이 좁은 치마
부담, 압박감	범위	~을 초래하다, 야기하다
제한하다	뻣뻣한	수축하는, 조이는
옷, 복장	분명히, 특히	어색한, 불편한
운동	몹시	공격적인, 적극적인
탓하다, 책임을 묻다	요통	~을 선택하다
~을 초래하다, 야기하다	제한하다	~을 끊겠다고 맹세하다
압박 의류	몸에 꼭 맞는 옷	부상
범위	신축성	길고 폭이 좁은 치마
범죄자, 범인	부담, 압박감	옷, 복장
공격적인, 적극적인	운동	뻣뻣한
요통	어색한, 불편한	탓하다, 책임을 묻다

의미해석

한 의미 단위씩 해석하세요.

Back Pain & Clothes

- ▶ You tend to blame back pain / on habits like poor posture, / overly aggressive workouts, / or an awkward sleeping positions. /

- ▶ But your clothes may also be to blame. /

- ▶ Specifically, / outfits that are too tight, / too stiff, or too constricting / can limit your range of motion, / which causes more stress and strain / to fall on your back, neck, and shoulders, / increasing your risk of pain and injury. /

- ▶ Top offenders are skinny jeans, / pencil skirts, / and compression clothing / or shapewear. /

- ▶ But don't worry, / you don't need to swear off fitted clothes altogether. /

- ▶ Just opt for fabrics with a bit of stretch to them /, and choose a size / that's snug—/ not skintight. /

확인학습

우리말 최종 해석을 보고 영어 문장으로 말한 다음 펜으로 쓰세요.

요통과 옷

여러분은 요통을 뭔가의 탓으로 돌리려는 경향이 있다 / 나쁜 자세 같은 버릇이나 / 심하게 공격적인 운동 / 혹은 불편한 수면 자세로 말이다. / 하지만 그대들이 입는 옷 또한 책임이 있을 수 있다. / 특히, / 너무 꽉 끼거나, / 너무 뻣뻣하거나 너무 조이는 옷은 / 움직임의 범위를 제한할 수 있는데 / 이 때문에 더 많은 스트레스와 압박감이 / 등과 목, 어깨에 부담을 주어 / 통증과 부상의 위험을 높인다. /

가장 큰 가해자는 스키니진, / 길고 폭이 좁은 치마, / 그리고 압박 의류 / 또는 (몸매가 그대로 드러나는) 보정 속옷이다. / 하지만 걱정하지 마라 / 몸에 꼭 맞는 옷을 완전히 끊겠다고 선언할 필요는 없다. / 그저 약간의 신축성이 있는 옷감을 선택하라 / 그리고 사이즈를 선택하면 된다 / (신축성 때문에) 몸에는 딱 맞지만 / 피부가 조일 정도로 압박하지는 않는 걸로 말이다. /

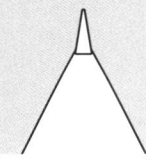

나도 그땐 그랬지

외우기 참 힘들죠. 저도 그랬어요. 외우지 않는 세상에서 살고 싶었어요. 그런데요, 자꾸 읽고 또 읽다 보니 어느 순간 외워지던 걸요. ^^ 그게 진짜 거 같아요. 자꾸 읽어 보세요. 그러면 어느 순간 기억에서 떠나질 않아요.

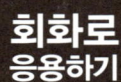

회화로 응용하기

다음 회화를 큰 소리로 다섯 번 낭독하세요.

☐ ☐ ☐ ☐ ☐

A You look uncomfortable[1].

B I have back pain. My posture seems to be poor and my sleeping positions must be awkward.

A But look at yourself.

B What?

A Your skirt looks too tight and constricting. It can limit your range of motion and increase your risk of pain and injury.

B You mean I have to stay away from[2] fitted clothes?

A No, you don't have to. Just opt for fabrics with a bit of stretch to them.

B It makes sense[3].

A 너 불편해 보인다.
B 요통이 있어. 내 자세가 나쁜 것 같기도 하고 수면 자세도 분명 불편한가 봐.
A 하지만 지금 네 모습을 좀 봐.
B 뭐가?
A 치마가 너무 꽉 끼고 조이잖아. 그러면 행동 범위가 제한되고 통증과 부상 위험이 늘어나.
B 그러니까 네 말은 몸에 맞는 옷을 멀리해야 된다는 거야?
A 아니, 그럴 필요는 없고. 약간 신축성이 있는 옷감을 선택해 봐.
B 일리 있네.

1) look uncomfortable 불편해 보이다
2) stay away from ~을 멀리하다
3) make sense 이치에 맞다

DAY 3

신체의 기능이 작용하는 과정과 이유를 과학적으로 연구, 분석하는 학문을 인체 생리학이라고 합니다. 생리학을 잘 이해하고 그에 따라 행동하면 살을 잘 뺄 수 있다고 하네요. 오늘은 그 예를 함께 살펴봅니다.

DAY 4

아래 힌트 단어를 보며 전체 의미를 파악해 보세요.

Losing Weight

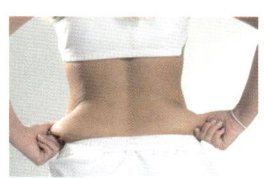

Losing love handles may be easier for some people / than for others, / says [1])a new study / that confirmed the theory / that physiology plays a role in a person's ability to lose weight. /
According to a press release, / researchers at the Phoenix Epidemiology and Clinical Research Branch studied / the metabolisms of 12 obese men and women / [2])undergoing a six-week 50% calorie-reduction experiment. / After measuring participants' energy expenditure after a day of fasting / and then [3])re-examining them during the caloric-reduction period, / researchers found / that [4])the slower the metabolism works during a diet, / [4])the less weight the person loses. /

undergo a six-week experiment
6주 동안의 실험에 참여하다

energy expenditure
에너지 소모

after a day of fasting
하루 금식 후에

독해가 쉬워지는 한끗
GRAMMAR

① a new study ~ to lose weight까지가 동사 says의 주어로 첫 번째 that은 앞의 a new study를 꾸미는 관계대명사 that이고, 두 번째 that은 the theory의 내용을 설명해 주는 동격의 that입니다.

② undergoing ~ = who underwent ~

③ re-examining ~은 After 뒤에 연결되는 어구입니다. 즉, After measuring ~ and then (after) re-examining ~

④ [The + 형용사/부사의 비교급 ~, the + 형용사/부사의 비교급 ~]은 '~할수록 더 ~하다'의 의미예요.

단어와 뜻을 크게 읽으면서 영어 단어를 정성스레 쓰세요.

love handles	허리의 군살
confirm	확인해 주다
theory	이론
physiology	생리학
play a role in	~에 역할을 하다
ability	능력
lose weight	살을 빼다
according to	~에 따르면
press release	언론 공식 발표
researcher	연구원, 조사원
epidemiology	역학, 전염병학
clinical research	임상 연구
metabolism	신진대사
obese	비만의, 비만 상태인
undergo	겪다, 받다
reduction	감소, 축소
experiment	실험
measure	측정하다
participant	참가자
expenditure	소비, 소모
fast	단식하다, 금식하다
re-examine	재검사하다
caloric	칼로리의
work	작용하다, 작동하다
diet	식이요법을 위한 규정식, 다이어트

DAY 4

차곡차곡 어휘 쌓기 B

우리말을 보고 앞에서 학습한 단어를 쓰세요.

작용하다, 작동하다	규정식, 다이어트	칼로리의
재검사하다	소비, 소모	단식하다, 금식하다
측정하다	참가자	실험
감소, 축소	겪다, 받다	비만의, 비만 상태인
신진대사	역학, 전염병학	임상 연구
연구원, 조사원	~에 따르면	언론 공식 발표
능력	살을 빼다	~에 역할을 하다
이론	생리학	허리의 군살
확인해 주다	작용하다, 작동하다	측정하다
겪다, 받다	단식하다, 금식하다	살을 빼다
규정식, 다이어트	확인해 주다	~에 역할을 하다
실험	감소, 축소	소비, 소모
참가자	신진대사	임상 연구
역학, 전염병학	이론	언론 공식 발표
허리의 군살	비만의, 비만 상태인	생리학

의미해석

한 의미 단위씩 해석하세요.

Losing Weight

▶ Losing love handles may be easier for some people / than for others, /

says a new study / that confirmed the theory /

that physiology plays a role in a person's ability to lose weight. /

▶ According to a press release, /

researchers at the Phoenix Epidemiology and Clinical Research Branch studied /

the metabolisms of 12 obese men and women /

undergoing a six-week 50% calorie-reduction experiment. /

▶ After measuring participants' energy expenditure after a day of fasting /

and then re-examining them during the caloric-reduction period, /

researchers found / that the slower the metabolism works during a diet, /

the less weight the person loses. /

확인학습

우리말 최종 해석을 보고 영어 문장으로 말한 다음 펜으로 쓰세요.

살 빼기

허리 군살 빼기가 어떤 사람들에게는 더 쉬울 수 있다 / 다른 사람들과 비교해서 말이다 / 이는 새로운 연구가 밝힌 내용으로 / 이 연구가 뒷받침한 이론은 / 생리학이 한 개인의 살을 빼는 능력에 어떤 역할을 한다는 것이다. /

언론 공식 발표에 따르면, / 피닉스 역학 임상 연구 분과에 소속된 연구원들이 연구를 했는데 / 연구 대상은 성인 비만 남녀 열두 명의 신진대사였으며 / 그들은 6주간의 칼로리 50% 감소 실험을 겪었다. / 하루 동안 금식 이후, 참가자들의 에너지 소비를 측정하고서 / 그런 다음 칼로리 감소 기간 동안 참가자들을 다시 검사한 이후에, / 연구원들은 다음과 같은 사실을 알아냈다 / 식이요법 기간 동안 신진대사가 느리게 작용하면 작용할수록, / 그 사람의 살은 덜 빠진다는 것이다. /

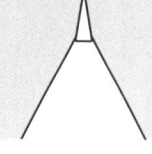

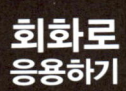

회화로 응용하기

다음 회화를 큰 소리로 다섯 번 낭독하세요.

☐ ☐ ☐ ☐ ☐

A I hate my body. I have to lose my love handles.

B Me too. It seems harder for me to lose them than others.

A I think so too. Is there any special way to lose them?

B Researchers say physiology plays a role in a person's ability to lose weight.

A What do you mean?

B They studied the metabolisms of 12 obese men and women undergoing a six-week 50% calorie-reduction experiment.

A And what was the result?

B The slower the metabolism works during a diet, the less weight the person loses.

A 난 내 몸이 정말 싫어. 옆구리 군살을 빼야 해.
B 나도 그래. 난 다른 사람들보다 군살 빼기가 더 힘든 것 같아.
A 나도 그렇게 생각하는데. 허리 군살을 빼는 특별한 방법이 있을까?
B 연구자들 말로는 생리학이 개인의 살 빼는 능력에 어떤 역할을 한다던데.
A 무슨 소리야?
B 그 사람들이 6주 동안 칼로리 50% 감소 실험에 참여한 성인 비만 남녀 열두 명의 신진대사를 연구했대.
A 그래서 결과는?
B 식이요법 기간 동안 신진대사가 느리게 작용할수록, 그 사람 체중은 덜 줄어든대.

DAY 4

미국 톱스타 가수 어셔(Usher)는 전설의 파이터 로베르토 두란을 영화화한 〈돌 주먹〉에서 실제 두란의 상대였던 슈거 레이 레너드 역할을 맡았습니다. 어셔가 배역을 준비하던 과정 중에 겪은 일화를 소개합니다.

DAY 5

아래 힌트 단어를 보며 전체 의미를 파악해 보세요.

Making a Sacrifice

Two years ago / Usher overhauled his diet and workout routine / ¹⁾to get into the best shape of his life / for his role as boxing legend Sugar Ray Leonard / in the new movie *Hands of Stone*, / a biopic about champion fighter Roberto Duran. / "The first 20 lbs. were the hardest in the world," / says Usher, / who dropped to an all-muscle 146lbs. / by adopting Dr. Steven Gundry's veggie-heavy diet, / ²⁾working out three times a day / and ²⁾hitting the boxing gym with Leonard. /

For Usher, / ³⁾becoming "obsessed" with the role / meant ³⁾putting his singing career on the back burner. / "You have to make a sacrifice," / he says of deciding / during filming / to delay his upcoming album. /

---

make a sacrifice ~을 희생하다
overhaul 점검하다, 수정하다
biopic 전기 영화
hit 어떤 장소에 가다
decide to + 동사원형 ~하기로 결심·결정하다

독해가 쉬워지는 한끗
GRAMMAR

① 여기서 〈to+동사원형〉은 '~하기 위해서'라는 목적의 의미예요.

② working과 hitting은 앞에서 나온 by adopting의 by(~함으로써)에 연결되는 말입니다.

③ 이 문장에서 becoming은 문장의 주어로, putting은 동사 meant의 목적어로 쓰였어요. 이렇게 〈동사-ing〉인 동명사는 문장의 주어와 목적어, 그리고 by 같은 전치사 뒤에 쓰일 수 있어요.

단어와 뜻을 크게 읽으면서 영어 단어를 정성스레 쓰세요.

overhaul	점검하다, 수정하다
workout	(건강을 위한) 운동
routine	규칙적인 일상
get into the best shape	최고의 몸매를 만들다
role	배역, 역할
legend	전설
a biopic about	~에 관한 전기 영화
lb.	파운드 (라틴어 libra에서 나온 어휘)
drop to	떨어져서 ~한 상태가 되다
all-muscle	온통 근육
adopt	어떤 방법을 쓰다, 채택하다
veggie	채소 (= vegetable)
work out	운동하다
hit the boxing gym	복싱 체육관에 가다
become obsessed with	~에 몰두하다
put ~ on the back burner	~을 뒤로 미루다, 뒷전에 두다
make a sacrifice	희생하다
say of	~에 대해 말하다
filming	영화 촬영 기간
delay	미루다, 연기하다
upcoming	다가오는, 곧 있을

DAY 5

차곡차곡 어휘 쌓기 B

우리말을 보고 앞에서 학습한 단어를 쓰세요.

미루다, 연기하다	영화 촬영 기간	다가오는, 곧 있을
채소	~에 대해 말하다	희생하다
파운드	운동하다	복싱 체육관에 가다
전설	온통 근육	~에 몰두하다
배역, 역할	~에 관한 전기 영화	~을 뒤로 미루다, 뒷전에 두다
규칙적인 일상	(건강을 위한) 운동	어떤 방법을 쓰다, 채택하다
다가오는	점검하다, 수정하다	떨어져서 ~한 상태가 되다
~에 대해 말하다	미루다, 연기하다	최고의 몸매를 만들다
운동하다	채택하다	희생하다
점검하다	떨어져서 ~한 상태가 되다	~을 뒤로 미루다, 뒷전에 두다
영화 촬영 기간	채소	~에 몰두하다
온통 근육	파운드	복싱 체육관에 가다
~에 대해 말하다	배역, 역할	다가오는, 곧 있을
(건강을 위한) 운동	규칙적인 일상	~에 관한 전기 영화
온통 근육	전설	최고의 몸매를 만들다

의미해석

한 의미 단위씩 해석하세요.

Making a Sacrifice

- ▶ Two years ago / Usher overhauled his diet and workout routine /

  to get into the best shape of his life /

  for his role as boxing legend Sugar Ray Leonard /

  in the new movie *Hands of Stone*, /

  a biopic about champion fighter Roberto Duran. /

- ▶ "The first 20 lbs. were the hardest in the world," / says Usher, /

  who dropped to an all-muscle 146lbs. /

  by adopting Dr. Steven Gundry's veggie-heavy diet, /

  working out three times a day / and hitting the boxing gym with Leonard. /

- ▶ For Usher, / becoming "obsessed" with the role /

  meant putting his singing career on the back burner. /

- ▶ "You have to make a sacrifice," / he says of deciding / during filming /

  to delay his upcoming album. /

확인학습

우리말 최종 해석을 보고 영어 문장으로 말한 다음 펜으로 쓰세요.

희생하기

2년 전에 / 어셔는 자신의 식이요법과 규칙적인 운동을 점검, 수정했습니다 / 인생 최고의 몸매를 만들기 위해서였죠 / 전설적인 권투선수 슈거 레이 레너드로 자신이 맡은 배역 때문에요 / 새 영화 '돌 주먹'에서 말이죠 / 이 영화는 챔피언 파이터 로베르토 두란의 전기 영화입니다. / "첫 20파운드 빼기가 세상에서 제일 힘들었어요," / 어셔의 말입니다 / 어셔는 완전 근육질만으로 146파운드까지 몸무게가 떨어졌는데 / 스티븐 건드리 박사의 채식 위주 다이어트를 채택하고 / 하루에 세 번 운동하고 / 레너드와 함께 권투 체육관을 찾으면서 말입니다. /

어셔에게 / 그 배역에 몰두하는 일은 / 가수로서의 자기 활동을 뒤로 미루는 것을 의미했습니다. / "희생을 해야죠," / 그는 자신의 결심을 말합니다 / 영화 촬영 기간 동안에는 / 곧 있을 자신의 앨범 발매를 늦추겠다고 말이죠. /

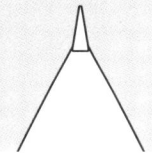

회화로 응용하기

다음 회화를 큰 소리로 다섯 번 낭독하세요.

☐ ☐ ☐ ☐ ☐

A Usher is appearing in a movie.

B Sounds interesting. What's the title of the movie?

A "Hands of Stone." He's playing boxing legend Sugar Ray Leonard.

B *Hands of Stone*? You mean Roberto Duran?

A Yes! Usher got into the best shape of his life.

B He should! He's playing Leonard! Wait a minute. What about his singing career?

A He's obsessed with the role and put his new album on the back burner.

B Good news and bad news.

A 어셔가 영화에 나온대.
B 재미있겠는데. 영화 제목이 뭐야?
A "돌주먹". 권투의 전설 슈거 레이 레너드 역할을 해.
B 돌주먹? 로베르토 두란을 말하는 거야?
A 맞아! 어셔가 일생일대 최고의 몸매를 만들었더라고.
B 당연히 그래야지! 레너드를 연기하는 건데! 잠깐. 그러면 가수 일은?
A 지금은 역할에 몰두하느라 새 앨범은 뒤로 미루었어.
B 좋은 소식에 나쁜 소식이 겹쳤네.

DAY 5

STEP 1　앞서 배운 내용을 상대방에게 실제 이야기하듯 스피치 훈련을 하세요.
STEP 2　스피치 훈련이 끝나면 원하는 대로 필사 또는 해석 훈련을 하세요.

1. When your energy is drained, how do you think you can recharge yourself? Let me tell you two tricks for you.
First, clean your desk and clear out your email inbox. Second, chew some "spicy" gum. Do I sound crazy? No. Just do them. You're going to thank me.

2. Have you heard brains go with brawn? News to you? But that's true. Exercising your body is one of the best ways to boost your intelligence and preserve it through old age. It applies to older people and children. Yes, everybody needs to exercise. Working out saves your life and brain.

3 Do you have back pain? Listen. Some posture-related problems can be the main culprits to back pain. But that's not all. Too tight, too stiff, or too constricting outfits can cause your back pain. Go find fabrics with a bit of stretch to them. You can enjoy a size that's snug, but not skintight. Now some of your back pain is gone.

culprit 범인, 문제를 일으키는 장본인

4 Losing love handles may be harder than you think. You know what? Physiology plays a role in a person's ability to lose weight. Researchers studied the metabolisms of men and women undergoing a six-week 50% calorie-reduction experiment and found that the slower the metabolism works during a diet, the less weight the person loses.

5 I like Usher. Yes, he's a singer. But he's appearing in a new movie "Hands of Stone" as boxing legend Sugar Ray Leonard. The movie is a biopic about champion fighter Roberto Duran. Usher has been expected to release a new album, but now obsessed with the role, he put his singing career on the back burner.

release an album 앨범을 발표하다

남녀를 불구하고 건강한 피부를 위해 밤에 클렌징은 필수입니다. 하루 종일 내 얼굴을 감싸 준 화장을 깨끗하게 클렌징할 때 꼭 알아두어야 할 단계 중 초기 3단계를 소개합니다. 누구나 알 것 같지만 정성스레 실천하기 힘든 단계입니다.

DAY 6

힌트 단어를 보며 전체 의미를 파악하고 음원을 듣고 낭독하세요.

The Only Way to Wash Your Face

Getting (and keeping) amazing skin / begins with ¹⁾cleansing. /

1. Wash Your Hands /
It sounds obvi, / but it's easy ²⁾to forget. / You don't want to transfer the germs / from your hands / to your face. /

2. Remove Makeup /
Wiping off that first layer / ³⁾lets your facewash work better. / Otherwise / the ingredients won't thoroughly reach your skin. /

3. Use the Sink /
In the shower, / you're likely to crank up the water temp. / ⁴⁾Keep it lukewarm—/ if it's too hot, / you risk / stripping your skin of its natural oils. /

---

obvi 명백한 (= obvious)
otherwise 그렇지 않으면
thoroughly 완전하게
crank up 세게 돌리다
temp 온도 (= temperature)

독해가 쉬워지는 한끗
GRAMMAR

① cleansing은 동사 cleanse에서 파생되어 완전히 명사화된 단어예요.

② it's easy to forget에서 it은 앞에서 나온 Wash your hands를 가리켜요. 그럼 to forget은 어떻게 해석할까요? 이때는 '~하기에'의 뜻으로 '잊기에'로 해석하면 됩니다.

③ 〈let+목적어+동사원형〉는 '목적어가 지금 당장 ~하도록 허락하거나 놔두다'의 뜻이에요.

④ 동사 keep은 '어떤 상태를 유지하다'라는 기본 뜻이 있어요. 그래서 〈keep+목적어+상태를 나타내는 형용사〉는 '~한 상태로 목적어를 유지하다'의 뜻입니다.

단어와 뜻을 크게 읽으면서 영어 단어를 정성스레 쓰세요.

amazing	놀라운
cleansing	클렌징
obvi	분명한, 당연한 (= obvious)
transfer	(병을) 옮기다, 이동하다
germ	세균
remove	지우다, 없애다
makeup	화장
wipe off	닦아내다
layer	막, 층
facewash	얼굴에 바르는 로션
work better	더 효과 있다
otherwise	그렇지 않다면
ingredient	재료, 성분
thoroughly	완전히
sink	세면대
shower	샤워실, 샤워
be likely to + V	~할 가능성이 있다
crank up	세게 돌리다
temp	온도, 기온 (= temperature)
lukewarm	미지근한
risk	~의 위험을 초래하다
strip A of B	A에서 B를 벗겨내다
natural oil	천연 오일

DAY 6

차곡차곡 어휘 쌓기 B

우리말을 보고 앞에서 학습한 단어를 쓰세요.

미지근한	천연 오일	A에서 B를 벗겨내다
기온, 온도	~의 위험을 초래하다	세게 돌리다
세면대	샤워실, 샤워	~할 가능성이 있다
완전히	재료, 성분	그렇지 않다면
막, 층	얼굴에 바르는 로션	더 효과 있다
화장	지우다, 없애다	닦아내다
세균	(병을) 옮기다, 이동하다	분명한, 당연한
놀라운	클렌징	A에서 B를 벗겨내다
~의 위험을 초래하다	온도, 기온	샤워실, 샤워
세게 돌리다	더 효과 있다	~할 가능성이 있다
닦아내다	세면대	지우다, 없애다
재료, 성분	천연 오일	(병을) 옮기다, 이동하다
클렌징	화장	놀라운
분명한, 당연한	막, 층	세균
그렇지 않다면	미지근한	얼굴에 바르는 로션

의미해석

한 의미 단위씩 해석하세요.

The Only Way to Wash Your Face

▶ Getting (and keeping) amazing skin / begins with cleansing. /

1. Wash Your Hands /

▶ It sounds obvi, / but it's easy to forget. /

▶ You don't want to transfer the germs / from your hands / to your face. /

2. Remove Makeup /

▶ Wiping off that first layer / lets your facewash work better. /

▶ Otherwise / the ingredients won't thoroughly reach your skin. /

3. Use the Sink /

▶ In the shower, / you're likely to crank up the water temp. /

▶ Keep it lukewarm—/

if it's too hot, / you risk / stripping your skin of its natural oils. /

확인학습

우리말 최종 해석을 보고 영어 문장으로 말한 다음 펜으로 쓰세요.

얼굴을 닦는 유일한 방법

놀라운 피부를 갖는 일 (그리고 그것을 유지하는 일)은 / 클렌징으로 시작된다. /

1. 손을 씻어라 /

당연하게 들리지만 / 이게 잊어버리기 쉽다. / 세균을 옮기고 싶지는 않을 것이다 / 손에 있는 세균을 / 얼굴로 말이다. /

2. 화장을 지워라 /

(얼굴을 가리고 있는) 첫 막을 닦아내는 게 / (클렌징) 로션이 보다 더 효과적으로 역할을 할 수 있게 해 준다. / 그렇지 않으면 / (로션의) 성분들이 피부에 완전히 다다르지 못한다. /

3. 세면대를 이용하라 /

샤워 중에는, / 수온 조절기를 세게 돌릴 가능성이 있다. / (세면대에 물을 받아서) 온도를 미지근하게 유지하라 / 만일 너무 뜨거우면, / 위험을 초래하게 된다 / 피부에서 천연 오일이 벗겨지는 것이다. /

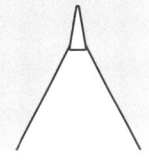

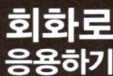

다음 회화를 큰 소리로 다섯 번 낭독하세요.

☐ ☐ ☐ ☐ ☐

A You have amazing skin. What's the secret?

B Nothing special. I've made it a rule to[1] wash my hands and face right after coming back home.

A You mean getting amazing skin begins with cleansing.

B And I use the sink instead of the shower.

A Any special reason?

B While taking a shower, I can crank up the water temperature. When it's too hot, I risk stripping my skin of its natural oils.

A I see.

A 너 피부 정말 좋다. 비결이 뭐야?
B 특별한 건 없어. 집에 돌아오자마자 손과 얼굴 씻는 걸 아예 규칙으로 정해 놓았어.
A 그러니까 좋은 피부를 갖는 건 클렌징에서 시작된다는 거네.
B 그리고 샤워실 대신에 세면대를 이용해.
A 특별한 이유가 있어?
B 샤워하는 도중에는 물 온도를 높일 수도 있잖아. 물이 너무 뜨거우면 피부에서 천연 오일이 벗겨질 수 있는 위험이 있거든.
A 그렇구나.

---

1) **make it a rule to**+동사원형 ~하는 것을 규칙으로 하다

부모 눈에는 자녀가 늘 어리게만 보이나 봅니다. 특히 어머니의 관심과 간섭은 끝이 없죠. 그렇다면 이런 어머니의 집착을 해결할 수 있는 방법에는 어떤 것들이 있을까요? 실제 경험자의 이야기를 통해 그 방법 가운데 하나를 소개합니다.

힌트 단어를 보며 전체 의미를 파악하고 음원을 듣고 낭독하세요.

DAY 7

Get Your Parents off Your Back

My mom ¹⁾used to text me / all the time / while I was with my friends—/ it was so annoying! / We made an agreement / that I ²⁾would reach out to her / every hour or so / to keep her in the loop. / Just a simple 'I'm at so-and-so's house,' / or an 'Everything is good' text / eases her mind / and deters her constant check-ins. / ³⁾It also shows / I'm responsible. / Doing ³⁾it is easy and quick, / and it also makes my parents more likely to say yes / when, at the end of a night, / I spontaneously ask / to sleep over at a friend's house / or ⁴⁾bring people back to mine. /

in the loop 일원인, 상태인
so-and-so 아무개, 거시기
deter 단념시키다
at the end of a night 밤늦게
spontaneously 자연스럽게, 자발적으로

독해가 쉬워지는 한끗
GRAMMAR

① used to는 '과거에는 했지만 현재는 더 이상 않는 행동이나 상태'를 나타냅니다.
② would는 시제 일치의 영향을 받아 will의 과거형으로 쓰인 거예요. reach는 '전화로 연락하다'의 의미가 있지요.
③ 여기의 it은 앞에서 언급한 메시지를 보내는 것을 말합니다. 이렇듯 it은 눈에 보이는 사물 외에 앞서 언급한 문장의 내용을 대신 받기도 합니다.
④ bring은 앞에 나온 ask to에 연결되는 동사입니다.

단어와 뜻을 크게 읽으면서 영어 단어를 정성스레 쓰세요.

get someone off one's back	~가 성가시게 하지 않도록 하다
used to + V	한때 ~했었다
text	~에게 문자를 보내다
all the time	항상, 늘
annoying	짜증나게 하는
make an agreement	약속하다, 협정을 맺다
reach out to	~에게 전화로 연락하다
or so	~ 정도, ~쯤
keep someone in the loop	~을 활동 범위 안에 포함시키다
so-and-so	아무개, 거시기
ease	~을 편하게 하다
ease one's mind	안심시키다
deter	단념시키다, 그만두게 하다
constant	끊임없는, 계속 되는
check-in	확인, 간섭
responsible	책임감 있는
more likely to + V	~할 가능성이 더욱 큰
at the end of a night	밤늦게
spontaneously	자연스럽게, 자발적으로
sleep over at	~에서 외박하다
back to	도로 ~에

DAY 7

차곡차곡 어휘 쌓기 B

우리말을 보고 앞에서 학습한 단어를 쓰세요.

확인, 간섭	책임감 있는	~할 가능성이 더욱 큰
단념시키다	끊임없는, 계속 되는	~의 집에서 외박하다
~ 정도, ~쯤	짜증나게 하는	밤늦게
아무개, 거시기	문자를 보내다	안심시키다
도로 ~에	한때 ~했었다	~을 활동 범위 안에 포함시키다
그만두게 하다	~ 정도, ~쯤	~에게 전화로 연락하다
짜증나게 하는	~에게 문자를 보내다	약속하다, 협정을 맺다
한때 ~했었다	책임감 있는	~가 성가시게 하지 않도록 하다
확인, 간섭	계속 되는	~에서 외박하다
단념시키다	항상, 늘	밤늦게
~에게 문자를 보내다	~을 편하게 하다	끊임없는 간섭
한때 ~했었다	아무개, 거시기	~을 활동 범위 안에 포함시키다
항상, 늘	~에게 전화로 연락하다	책임감 있는
안심시키다	자연스럽게, 자발적으로	~ 정도, ~쯤
끊임없는	도로 ~에	~가 성가시게 하지 않도록 하다

55

의미해석

한 의미 단위씩 해석하세요.

Get Your Parents off Your Back

▶ My mom used to text me / all the time /

while I was with my friends—/ it was so annoying! /

▶ We made an agreement / that I would reach out to her /

every hour or so / to keep her in the loop. /

▶ Just a simple 'I'm at so-and-so's house,' / or an 'Everything is good' text /

eases her mind / and deters her constant check-ins. /

▶ It also shows / I'm responsible. /

▶ Doing it is easy and quick, /

and it also makes my parents more likely to say yes /

when, at the end of a night, / I spontaneously ask /

to sleep over at a friend's house / or bring people back to mine. /

확인학습

우리말 최종 해석을 보고 영어 문장으로 말한 다음 펜으로 쓰세요.

부모님이 성가시게 행동하지 않도록 하라

우리 엄마는 한때 내게 문자를 보내곤 하셨다 / 그것도 늘 / 내가 친구들과 함께 있는 동안에 말이다 / 그건 정말 짜증나는 일이었다! / (그래서) 우린 협정을 맺었다 / 내가 엄마에게 전화 연락을 하기로 말이다 / 거의 매 시간마다쯤 전화해서 / 엄마를 내 활동 범위 안에 두는 것이었다. / 그냥 간단히 '저 지금 누구누구네 집에 있어요', / 또는 '별 문제 없어요' 같은 문자가 / 엄마를 안심시키고 / 엄마의 계속되는 간섭을 막아 준다. / 이런 게 또 보여주는 게 / 내가 책임감이 있다는 사실이다. / 그렇게 하는 건 쉽고 간단하다, / 그리고 그렇게 하면 또 우리 부모님이 그러라고 허락해 줄 가능성이 높아진다 / 그러니까 밤늦게 / 내가 자연스럽게 허락을 구할 때다 / 친구 집에서 자고 와도 좋은지 / 아니면 그 친구들을 우리 집에 도로 데리고 와도 좋은지. /

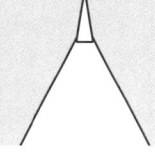

회화로 응용하기

다음 회화를 큰 소리로 다섯 번 낭독하세요.

☐ ☐ ☐ ☐ ☐

A My mom is annoying.

B What makes you say that?

A She keeps texting me. All the time while I am with my friends.

B Let me tell you the way to get your mom off your back.

A I'm listening.

B Reach out to her every hour or so and keep her in the loop.

A Are you out of your mind[1]?

B Hear me out[2]. Doing it is easy and quick. And it eases her mind and deters her constant check-ins.

A It makes sense.

A 우리 엄마 정말 짜증나.
B 왜 그래?
A 엄마가 계속 나한테 문자를 보내. 내가 친구들이랑 있을 때 항상 말이야.
B 너희 엄마가 널 성가시지 않게 하는 방법을 알려 줄게.
A 뭔데, 얘기해 봐.
B 거의 매 시간마다쯤 엄마한테 전화해서 엄마를 계속 네 활동 범위 안에 두는 거야.
A 미쳤어?
B 끝까지 들어 봐. 그렇게 하는 건 쉽고 간단해. 그리고 그렇게 하면 엄마가 안심하고 계속 간섭하지 않는단 말이야.
A 일리 있네.

---

[1] out of one's mind 제정신이 아닌
[2] Hear me out. 내 말, 끝까지 들어 봐.

나이는 쓸데없이 먹는 게 아닙니다. 성숙한 결정을 내릴 수 있게 도와주는 개개인의 훈장 같은 역할을 하지요. 그렇게 생각하면 나이에 관계없이 여전히 건강하게 살 수 있습니다. 오늘은 그런 주제의 이야기를 함께 나눕니다.

힌트 단어를 보며 전체 의미를 파악하고 음원을 듣고 낭독하세요.

Age Is a Mere Suggestion

There are a few things / I will never outgrow. / My love of books, / for starters. / My spirituality, / which sustains me / year after year. / And my belief / 1)that every day brings tremendous possibility—/ a chance to live more fully, / 2)love more deeply, / and 2)learn something new, / 3)no matter how old I am. /
Age, / in my opinion, / is a mere suggestion / for how to conduct oneself. / Yes, / we should mind our health / and secure our money / and make big life decisions / at various points along the way. / But we can 4)remain ageless—/ strong, healthy, and happy—/ even as we celebrate the years we've lived. /

outgrow ~을 그만두다
for starters 우선, 먼저
spirituality 종교, 종교적 관심
how to+동사원형
~하는 법, 어떻게 ~하는지
along the way 살아가면서
celebrate the years we've lived 세상을 떠나다

독해가 쉬워지는 한끗
GRAMMAR

① my belief와 뒤의 that은 같은 내용을 가리키는 동격 관계입니다.
② love와 learn은 앞에 나온 a chance to의 to와 이어져 그 앞에 나온 chance를 수식하는 기능을 합니다.
③ 〈no matter+의문사+주어+동사〉는 '아무리 ~한다 하더라도'의 뜻입니다. 그래서 no matter what you do는 '네가 무엇을 하든'의 뜻입니다.
④ remain은 '~한 상태를 유지하다'의 뜻으로 뒤에는 상태를 나타내는 형용사가 옵니다.

단어와 뜻을 크게 읽으면서 영어 단어를 정성스레 쓰세요.

mere	단지 ~에 불과한
suggestion	제안, 암시
outgrow	(나이가 들면서 흥미를 잃어) ~을 그만두다
for starters	우선, 먼저
spirituality	종교, 종교적인 문제에 대한 관심
sustain	존재하게 하다, 지탱하게 하다
year after year	해마다, 매년
belief	믿음, 신념, 확신
tremendous	대단한, 굉장한
possibility	가능성
fully	충만하게
no matter how old ~	(누가) 나이가 얼마나 들던지 간에
in one's opinion	~의 견해를 말하자면
conduct oneself	행동하다, 처신하다
mind	~을 신경 써서 봐 주다
secure	안전하게 지키다
make decisions	결정을 하다
various	다양한
along the way	살아가면서
remain	~로 남다, 남아 있다
ageless	나이를 안 먹는
even as	심지어 ~의 순간에도
celebrate	기념하다, 축하하다
celebrate the years someone's lived	세상을 떠나다

DAY 8

차곡차곡 어휘 쌓기 B

우리말을 보고 앞에서 학습한 단어를 쓰세요.

나이를 안 먹는	기념하다, 축하하다	세상을 떠나다
다양한	안전하게 지키다	살아가면서
제안, 암시	결정을 하다	행동하다, 처신하다
가능성	단지 ~에 불과한	나이가 얼마나 들던지 간에
믿음, 확신	대단한, 굉장한	해마다, 매년
지탱하게 하다	~을 그만두다	우선, 먼저
종교, 종교 문제에 대한 관심	안전하게 지키다	~의 견해를 말하자면
충만하게	~을 신경 써서 봐 주다	행동하다, 처신하다
~로 남다, 남아 있다	다양한	나이를 안 먹는
대단한	심지어 ~의 순간에도	단지 ~에 불과한
제안, 암시	가능성	살아가면서
안전하게 지키다	신념, 확신	나이가 얼마나 들던지 간에
단지 ~에 불과한	충만하게	가능성
종교, 종교 문제에 대한 관심	~로 남다, 남아 있다	존재하게 하다, 지탱하다
해마다, 매년	우선, 먼저	세상을 떠나다

의미해석

한 의미 단위씩 해석하세요.

Age Is a Mere Suggestion

- ▶ There are a few things / I will never outgrow. /

- ▶ My love of books, / for starters. /

- ▶ My spirituality, / which sustains me / year after year. /

- ▶ And my belief / that every day brings tremendous possibility—/

  a chance to live more fully, / love more deeply, /

  and learn something new, / no matter how old I am. /

- ▶ Age, / in my opinion, / is a mere suggestion / for how to conduct oneself. /

- ▶ Yes, / we should mind our health / and secure our money /

  and make big life decisions / at various points along the way. /

- ▶ But we can remain ageless—/ strong, healthy, and happy—/

  even as we celebrate the years we've lived. /

확인학습

우리말 최종 해석을 보고 영어 문장으로 말한 다음 펜으로 쓰세요.

나이는 단순한 암시일 뿐이다

몇 가지가 있는데요 / 나이가 들어도 제가 절대 그만두지 못할 것들이죠. / 책에 대한 제 사랑, / 이게 우선 그렇습니다. / (그 다음은) 제 종교인데, / 종교가 저를 지탱해 줍니다 / 해마다 그렇습니다. / 그리고 제 믿음입니다 / 매일매일이 뭔가 엄청난 가능성을 가져다 준다는 믿음이죠 / 그리고 그 가능성은 더욱 충만한 삶을 살아갈 기회, / 더 깊이 사랑할 기회, / 그리고 뭔가 새로운 것을 배울 기회 등을 의미합니다 / 내 나이가 몇이든 상관없이 말입니다. /

나이는, / 제 생각에, / 단순한 암시에 불과합니다 / (그때 그때) 어떻게 처신할 것인가에 대해 말이죠. / 그렇습니다 / 우리는 건강에 신경 써야 하고 / 돈도 안전하게 지켜야 하고 / 인생에서 대단히 중요한 결정들을 해야 합니다 / 여러 다양한 순간순간에 인생을 살아가면서 말입니다. / 하지만 우리는 (세월이 흘러도) 나이 들지 않는 상태를 유지할 수가 있습니다 / 강인하고, 건강하며, 행복한 상태를요 / 심지어 우리가 살아온 세월들을 축하하며 세상을 떠나는 순간에도 말입니다. /

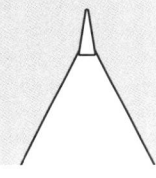

회화로 응용하기

다음 회화를 큰 소리로 다섯 번 낭독하세요.

☐ ☐ ☐ ☐ ☐

A My love of books doesn't seem to be changed.

B Are there any other things that you never outgrow?

A Of course. My spirituality and belief.

B Belief? What is it?

A Every day brings tremendous possibility: a chance to live more fully, love more deeply, and learn something new, no matter how old I am.

B I agree with you. Age seems to be a mere suggestion for how to conduct oneself.

A You're right. We can remain ageless: strong, healthy, and happy. Even as we celebrate the years we've lived.

B You bet.[1]

A 책에 대한 내 사랑은 변하지 않는 것 같아.
B 네가 나이 들어도 절대 변하지 않을 다른 것들이 또 있어?
A 있지. 종교와 믿음이지.
B 믿음? 무슨?
A 매일매일 엄청난 가능성이 생긴다는 믿음이지. 더 충만하게 살 수 있는 기회, 더 깊이 사랑할 수 있는 기회, 그리고 새로운 것을 배울 수 있는 기회. 내 나이가 몇이든 상관없이 말이야.
B 나도 그 생각에 동의해. 나이는 어떻게 처신할 것이냐에 대한 단순한 암시인 것 같아.
A 맞아. 우리는 나이 들지 않은 상태를 유지할 수 있어. 강하고, 건강하며 행복하게 말이지. 우리가 세상을 떠나는 그 순간에도 말이야.
B 맞아.

---

1) **You bet.** 맞아. 바로 그거야.

DAY 8

세계적인 트렌드이던 세계화(globalization)에 적신호가 켜졌습니다. 특히 Brexit(영국의 유럽 연합 탈퇴) 이후에 세계화는 말 그대로 단두대 위에 올라서게 되었습니다. 믿기 힘든 세계화의 진실을 이야기 나눠 보죠.

힌트 단어를 보며 전체 의미를 파악하고 음원을 듣고 낭독하세요.

The Hard Truths of Globalization

It's easy to feel / globalization—/ one of the most vital business trends of the past half-century—/ is in retreat. / Millions of voters in the U.S. and Britain / blame [1]it for stealing their jobs, / and [1]it was a major reason / for the international civic convulsion known as Brexit. / Political candidates castigate it / or abandon trade agreements / they previously endorsed. / Nobody, / [2]it seems, / wants to defend globalization / right now. /

The public companies / [3]with the most revenues on the planet / confirm an erosion in globalization's success. / The total sales produced by them / fell 11.5%, / to $27.6 trillion in 2015, / [3]with their profits slumping / at essentially the same clip. / The chief culprits: / a surging dollar, / the slow-down in China, / and the dramatic collapse of oil prices. /

civic convulsion 시민 반란
known as ~로 알려진
castigate 책망하다
endorse 지지하다

독해가 쉬워지는 한끗
GRAMMAR

① 여기서 it은 앞에 나왔던 globalization을 가리킵니다.
② it seems는 문장의 삽입어구예요. 보통 앞뒤를 콤마로 감싸고 문장의 구조에 영향을 주지 않지요. 여기서 it seems는 '보기에는 말이죠' 정도로 해석됩니다.
③ 똑같은 with지만 첫 번째의 with는 '~을 지닌, ~을 가진'의 뜻이고, 두 번째의 with는 〈with+명사+동사-ing/과거분사〉의 형태로 '명사가 ~하면서'의 의미를 지닙니다.

단어와 뜻을 크게 읽으면서 영어 단어를 정성스레 쓰세요.

vital	필수적인
half-century	반세기
be in retreat	후퇴하고 있다
voter	유권자
blame A for B	B에 대해 A를 탓하다
civic	시민의
convulsion	격변, 경련
known as	~로 알려진
castigate	크게 책망하다, 혹평하다
abandon	버리다
trade agreement	무역 협정
previously	이전에
endorse	지지하다
defend	방어하다, 옹호하다
public company	주식 공개 기업
revenue	수익, 수입
confirm	확인해 주다, 확인하다
erosion	퇴조, 침식
trillion	(숫자 단위에서의) 조
profit	이익, 수익
slump	급락하다, 폭락하다
essentially	근본적으로, 본질적으로
clip	삭감, 깎음
culprit	문제를 일으킨 장본인
surge	급등하다
slow-down	둔화
dramatic	극적인
collapse	폭락, 붕괴

DAY 9

차곡차곡 어휘 쌓기 B

우리말을 보고 앞에서 학습한 단어를 쓰세요.

극적인	둔화	폭락, 붕괴
급등하다	삭감, 깎음	문제를 일으킨 장본인
이익, 수익	급락하다, 폭락하다	근본적으로, 본질적으로
퇴조, 침식	확인해 주다, 확인하다	(숫자 단위에서의) 조
수익, 수입	방어하다, 옹호하다	주식 공개 기업
이전에	지지하다	무역 협정
버리다	격변, 경련	크게 책망하다, 혹평하다
시민의	유권자	B에 대해 A를 탓하다
필수적인	반세기	후퇴하고 있다
폭락, 붕괴	문제를 일으킨 장본인	급등하다
(숫자 단위에서의) 조	퇴조, 침식	확인해 주다, 확인하다
방어하다, 옹호하다	버리다	주식 공개 기업
크게 책망하다	후퇴하고 있다	무역 협정
폭락하다	~로 알려진	B에 대해 A를 탓하다
지지하다	필수적인	격변, 경련

의미해석

한 의미 단위씩 해석하세요.

The Hard Truths of Globalization

▶ It's easy to feel / globalization—/

one of the most vital business trends of the past half-century—/ is in retreat. /

▶ Millions of voters in the U.S. and Britain / blame it for stealing their jobs, /

and it was a major reason / for the international civic convulsion known as Brexit. /

▶ Political candidates castigate it / or abandon trade agreements /

they previously endorsed. /

▶ Nobody, / it seems, / wants to defend globalization / right now. /

▶ The public companies / with the most revenues on the planet /

confirm an erosion in globalization's success. /

▶ The total sales produced by them / fell 11.5%, / to $27.6 trillion in 2015, /

with their profits slumping / at essentially the same clip. /

▶ The chief culprits: / a surging dollar, / the slow-down in China, /

and the dramatic collapse of oil prices. /

확인학습

우리말 최종 해석을 보고 영어 문장으로 말한 다음 펜으로 쓰세요.

세계화의 냉혹한 진실

쉽게 감지할 수 있다 / 세계화 / 과거 반세기 동안 가장 중요한 비즈니스 경향 중 하나였던 그 세계화가 / 지금은 후퇴 중이라는 것을 말이다. / 미국과 영국의 수백만 유권자들은 / 세계화가 자기네 직업을 앗아갔다고 탓을 한다 / 그리고 세계화는 주요인이기도 했는데 / 그것 때문에 브렉시트로 알려진 국제 시민 봉기가 일어난 것이었다. / 정치 후보자들은 세계화를 맹렬히 비난하거나 / 아니면 무역 협정을 포기하고 있다 / 자신들이 이전에 지지했던 협정들이다. / 그 누구도, / 딱 보기에, / 세계화를 옹호하고 싶어 하지 않는다 / 지금 당장은 그렇다. /

주식 공개 기업들은 / 지구상에서 가장 많은 수익을 올리는데 / 세계화 성공의 퇴조를 확인시켜 주고 있다. / 그들이 만들어낸 총 매출이 / 11.5% 떨어져서 / 2015년에 27조 6천억 달러였다 / 그들의 이익 또한 폭락했는데 / 근본적으로 (총 매출과) 똑같은 삭감이었다. / 이런 결과를 초래한 주범들은 / 치솟는 달러화, / 중국의 성장 둔화, / 그리고 오일 가격의 극적인 붕괴였다. /

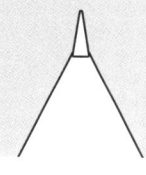

A Globalization which has been one of the most vital business trends of the past half-century is in retreat.

B You want to talk about Brexit, don't you?

A Yes. Globalization was a major reason for that international civic convulsion.

B Political candidates castigate globalization or abandon trade agreements they previously endorsed. But I'm afraid they're making hasty decisions.[1] I think globalization is a necessary evil.[2] You can't completely ignore it.

A But a surging dollar, the slow-down in China, and the dramatic collapse of oil prices, they shake the world. I don't think we can entirely depend on globalization. We need to come up with[3] another way to lead this world.

B You can say that again.[4]

A 지난 반 세기 동안 가장 중요한 비즈니스 트렌드 중 하나였던 세계화가 퇴보하고 있어.
B 너 지금 브렉시트에 대해서 얘기하고 싶은 거지?
A 맞아. 세계화가 그 국제 시민 봉기의 주원인이었잖아.
B 정치 후보자들이 세계화를 강하게 비난하거나 전에 자신들이 지지했던 무역 협정들을 포기하고 있어. 하지만 너무 성급한 결정을 하는 게 아닌가 싶어. 내 생각엔 세계화는 필요악이야. 그걸 완전히 무시할 수는 없어.
A 하지만 치솟는 달러화, 중국의 성장 둔화, 그리고 오일 가격의 극적인 폭락, 이런 것들이 지금 세상을 뒤흔들고 있어. 우리가 세계화에 전적으로 의존할 수는 없을 것 같아. 우린 지금 이 세계를 이끌 다른 방안을 찾아내야 해.
B 네 생각에는 나도 동의해.

1) make hasty decisions 성급한 결정을 내리다
2) a necessary evil 필요악
3) come up with ~을 생각해 내다, 제안하다
4) You can say that again. 네 말이 옳다.

영어 학습에 정말 좋은 소재가 바로 소설입니다. 대화와 지문이 있어서 회화와 독해를 동시에 익힐 수 있기 때문이지요. 그렇다고 무턱대고 아무 소설이나 집어 들면 낭패를 당하기 쉽습니다. 여러 좋은 소설 가운데 에릭 시걸의 *Only Love* 일부를 여러분께 소개합니다.

힌트 단어를 보며 전체 의미를 파악하고 음원을 듣고 낭독하세요.

DAY 10

Only Love

Silvia came up, / casually put her arm on my shoulder / and asked, / 'Will you play for me tonight? / [1)]I promise / we'll study afterwards.' /
'On one condition,' / I stipulated. / 'That I take you to dinner / in between.' /
'That's not a condition, / that's a pleasure. / When should we meet?' /
'The hotel lobby at seven o'clock.' /
'Fine. / How do I dress?' /
'Very nicely,' / I riposted. / 'See you.' /
When I [2)]caught sight of her that evening, / I was not sure / what she [3)]had 'changed' in her outfit. / Then, [4)]on closer inspection, / I noticed / that her jeans were black / instead of blue, / her sweatshirt did not have any company logo / and seemed to fit a little tighter. / And she was, / by her standards anyway, / bejeweled: / a small pearl necklace. /

---

riposte
응수하다, 대응하다
be sure
~을 확신하다, 확실히 알다
on+동작성 명사
~하자마자
on closer inspection
면밀히 검토하고서 바로
fit tight
몸에 딱 맞게 붙다

독해가 쉬워지는 한끗
GRAMMAR

① '~한다고 약속할게요'는 I promise ~라고 표현합니다. 내용상 미래를 뜻하기 때문에 ~ 부분에는 미래 시제를 나타내는 문장이 오지요.
② caught는 catch의 과거형으로 catch sight of는 '~을 보다'로 문어체보다 회화체에서 흔하게 쓰입니다.
③ 전체 시제가 과거인데, 옷이 바뀐 것은 그 전에 일어난 일이라서 〈had+과거분사〉인 과거완료를 사용했습니다.
④ 〈on+동작성 명사〉는 '~하자마자'의 뜻이므로 on closer inspection은 as soon as I inspected closely로 바꿀 수 있습니다.

단어와 뜻을 크게 읽으면서 영어 단어를 정성스레 쓰세요.

come up	다가오다, 다가가다
casually	무심코, 아무 생각 없이
afterwards	나중에
on one condition	한 가지 조건으로
stipulate	규정하다
take someone to ~	누구를 ~에 데려가다
in between	중간에
pleasure	기쁨, 즐거움
dress	옷을 입다
riposte	응수하다, 대응하다
catch sight of	~을 보다
outfit	옷, 복장
closer	더 면밀한, 더 치밀한
inspection	검사, 점검
notice	눈치채다
instead of	~ 대신에
sweatshirt	운동복 상의
fit	몸에 맞다
tight	몸에 딱 붙는
by one's standard	~의 기준에 의해
anyway	어쨌든, 그래도
bejeweled	보석으로 장식된
pearl necklace	진주 목걸이

DAY 10

차곡차곡 어휘 쌓기 B

우리말을 보고 앞에서 학습한 단어를 쓰세요.

어쨌든, 그래도	보석으로 장식된	진주 목걸이
몸에 맞다	몸에 딱 붙는	~의 기준에 의해
눈치채다	운동복 상의	~ 대신에
옷, 복장	검사, 점검	더 면밀한, 더 치밀한
옷을 입다	응수하다, 대응하다	~을 보다
기쁨, 즐거움	규정하다	중간에
나중에	무심코, 아무 생각 없이	한 가지 조건으로
몸에 맞다	다가오다, 다가가다	눈치채다
규정하다	옷을 입다	누구를 ~에 데려가다
운동복 상의	진주 목걸이	면밀히 검토하자마자
~ 대신에	기쁨, 즐거움	몸에 딱 맞게 붙다
몸에 딱 붙는	나중에	무심코, 아무 생각 없이
더 면밀한	옷, 복장	한 가지 조건으로
검사, 점검	중간에	~의 기준에 의해
보석으로 장식된	몸에 맞다	어쨌든, 그래도

의미해석

한 의미 단위씩 해석하세요.

Only Love

- Silvia came up, / casually put her arm on my shoulder / and asked, /

  'Will you play for me tonight? / I promise / we'll study afterwards.' /

- 'On one condition,' / I stipulated. /

- 'That I take you to dinner / in between.' /

- 'That's not a condition, / that's a pleasure. / When should we meet?' /

- 'The hotel lobby at seven o'clock.' /

- 'Fine. / How do I dress?' /

- 'Very nicely,' / I riposted. / 'See you.' /

- When I caught sight of her that evening, /

  I was not sure / what she had 'changed' in her outfit. /

- Then, on closer inspection, / I noticed / that her jeans were black / instead of blue, /

  her sweatshirt did not have any company logo / and seemed to fit a little tighter. /

- And she was, / by her standards anyway, / bejeweled: / a small pearl necklace. /

확인학습

우리말 최종 해석을 보고 영어 문장으로 말한 다음 펜으로 쓰세요.

유일한 사랑

실비아가 다가와서 / 아무 생각 없이 팔을 내 어깨 위에 올렸다 / 그리고 물었다 / "오늘밤에 같이 놀아 줄래요? / 약속해요 / 그 후에 우리 공부하기로요." /
"조건이 한 가지 있어요," / 내가 규정했다. / 제가 저녁 사는 걸로요 / 그 사이 남는 시간에 말이죠." /
"그건 조건이 아니라 / 즐거운 일이죠. 언제 만날까요?" /
"호텔 로비에서 7시에요." /
"좋아요. / 옷은 어떻게 입죠?" /
"아주 멋지게요," / 나는 응수했다. / "그때 봐요." /
그날 저녁 그녀를 보았을 때, / 나는 확실히 잘 몰랐다 / 옷에서 그녀가 뭘 바꾸었는지 말이다. / 그러다가, 좀 더 자세히 관찰하고서야, / 알아차렸는데 / 진바지가 검은색으로 / 파란색이 아니었다 / 그리고 그녀의 운동복 상의에는 회사 로고 같은 건 박혀 있지 않았다 / 그리고 약간 더 몸에 붙는 듯했다. / 그리고 그녀는, / 어쨌든 자기 기준에서는, / 보석을 착용하고 있었다 / 작은 진주 목걸이였다. /

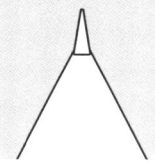

회화로 응용하기

다음 회화를 큰 소리로 다섯 번 낭독하세요.

☐ ☐ ☐ ☐ ☐

A Will you play for me tonight? I promise we'll study afterwards.

B On one condition. I'll take you to dinner in between.

A It's a deal[1]. When should we meet?

B The hotel lobby at seven o'clock.

A Fine. How do I dress?

B Very nicely. See you.

[at seven o'clock]

A Hi.

B Hi. Oh, your jeans are black instead of blue.

A You noticed that. I collect[2] jeans with different colors.

B Is that right? You're wearing a pearl necklace. You look splendid[3].

A Thank you.

A 오늘 밤 날 위해 놀아 줄래요? 약속해요. 그러고 나서 같이 공부하기로.
B 조건이 하나 있어요. 그 사이에 제가 저녁 살게요.
A 좋아요. 언제 만나죠?
B 호텔 로비에서 7시에요.
A 좋아요. 옷은 어떻게 입죠?
B 아주 예쁘게요. 이따 봐요.
[7시에]
A 안녕.
B 안녕. 진바지가 파란색이 아니라 검은색이네요.
A 눈치채셨군요. 저는 색깔별로 진바지를 수집해요.
B 그래요? 진주목걸이 했군요. 당신, 아름다워요.
A 고마워요.

---

1) **It's a deal.** 약속한 거다, 이것으로 거래 성사된 거다.
2) **collect** 모으다, 수집하다   3) **splendid** 멋진, 훌륭한

DAY 10

STEP 1 앞서 배운 내용을 상대방에게 실제 이야기하듯 스피치 훈련을 하세요.
STEP 2 스피치 훈련이 끝나면 원하는 대로 필사 또는 해석 훈련을 하세요.

6 You must want to get and keep amazing skin. It begins with cleansing. First, wash your hands, and then remove makeup. And when you do cleansing, you should use the sink instead of the shower in order to keep the water temperature lukewarm. If it's too hot, natural oils of your skin can be stripped off.

7 Do you want to get your parents off your back? Your mom keeps texting you to check out where you are? Let me give you a tip on it. Reach out to your mom every hour or so and let her know where you are and what's going on. It may sound bothering to you, but it eases her mind and deters her constant check-ins. It also shows you're responsible.

8   You feel depressed as you get older? Look at it this way. You live every day. Every day brings you tremendous possibility. A chance to live more fully, love more deeply, and learn something new, no matter how old you are. You can remain ageless. Don't let age depress you. Age is a mere suggestion for how to conduct yourself every day.

9   Globalization is in retreat. It was a major reason for Brexit: the international civic convulsion. The total sales produced by the public companies with the most revenues of the planet slumped in 2015. The chief culprits are a surging dollar, the slow-down in China, and the dramatic collapse of oil prices. You may not believe me, but it's true.

10 You know what? I finally dated her. She wanted me to play for her last night and promised to study together afterwards. So I said I would take her to dinner in between. She said yes. At night, she appeared with black jeans and a small pearl necklace on. She was splendid. I had a great time last night.

요즘 유튜브에서는 연예인 못지않은 스타들이 탄생하고 있습니다. 많은 이들이 유튜브 스타가 되기 위해 경쟁하고 있는데요. 그 대열에 합류하고 싶은 분들을 위해 유튜브 녹화에 필요한 장비, 그리고 카메라 공포증을 극복하는 아주 간단한 방법을 소개합니다.

DAY 11

아래 힌트 단어를 보며 전체 의미를 파악해 보세요.

You Can Be a YouTube Star Too!

1. Use equipment / you already have /
To start, / you just need a pretty decent camera—/ a smartphone totally counts. / It's a good idea / to try making videos / ¹⁾using your phone first / because if you don't end up loving life as a vlogger, / at least you didn't spend a lot of money / on an expensive camera. /

2. Don't be camera shy /
Recording can feel uncomfortable, / but someone once told me / to pretend ²⁾I'm talking to a friend. / Then you're not overwhelmed, / ³⁾thinking, / Oh, ⁴⁾will all these people be interested in this video? / That tip really changed my life. /

To start 먼저
spend money on
~에 돈을 쓰다

독해가 쉬워지는 한끗
GRAMMAR

① using your phone first = by using your phone first (먼저 여러분의 전화를 이용해서)

② 이 앞에 that이 생략돼 있습니다. pretend that ~이 '~인 척하다'의 뜻인데 이 that을 종종 생략하고 씁니다.

③ 문장 맨 앞, 또는 문장 중간의 콤마 (,) 뒤에 오는 〈동사-ing〉는 문맥에 따라 여러 뜻이 있습니다. '~하면서, ~하기 때문에, ~라면, ~할 때, 그리고 ~하다'로 해석되기도 하는데요, 여기의 thinking은 and you think의 의미입니다.

④ 이 문장의 정확한 뜻은 '이 사람들이 다 이 비디오에 관심이 있겠어?'로 짐작의 의미를 나타냅니다.

단어와 뜻을 크게 읽으면서 영어 단어를 정성스레 쓰세요.

equipment	장비
already	이미
to start	우선, 첫째로
pretty	대단히, 굉장히, 꽤
decent	질이 괜찮은, 제대로 된
totally	완전히
count	인정되다, 중요하다
try+V-ing	한번 ~해 보다
make videos	비디오를 찍다
end up	결국 ~의 상황에 처하다
love	아주 좋아하다
vlogger (video + blogger)	블로그를 비디오 위주로 만드는 사람
at least	적어도, 최소한
spend money on	~에 돈을 쓰다
camera shy	카메라 앞에서 수줍음을 많이 타는
recording	녹화, 녹음
uncomfortable	불편한
once	예전에, 한번은
pretend	~인 척하다
talk to	~에게 말하다, 이야기하다
overwhelmed	뭔가에 압도되어 정신을 못 차리는
be interested in	~에 관심이 있다
tip	조언

DAY 11

차곡차곡 어휘 쌓기 B

우리말을 보고 앞에서 학습한 단어를 쓰세요.

조언	~인 척하다	뭔가에 압도되어 정신을 못 차리는
녹화, 녹음	불편한	~에 관심이 있다
적어도	인정되다, 중요하다	카메라 앞에서 수줍음을 많이 타는
완전히	비디오를 찍다	결국 ~의 상황에 처하다
질이 괜찮은	장비	블로그를 비디오 위주로 만드는 사람
대단히, 꽤	우선, 첫째로	한번 ~해 보다
이미	녹화, 녹음	한번은, 예전에
우선, 첫째로	완전히	아주 좋아하다
불편한	적어도	~에 돈을 쓰다
~인 척하다	질이 괜찮은	뭔가에 압도되어 정신을 못 차리는
인정되다, 중요하다	한번 ~해 보다	이미
~에게 말하다, 이야기하다	비디오를 찍다	결국 ~의 상황에 처하다
결국 ~하게 되다	조언	~에 관심이 있다
장비	인정되다, 중요하다	한번은, 예전에
완전히	이미	적어도

의미해석

한 의미 단위씩 해석하세요.

You Can Be a YouTube Star Too!

1. Use equipment / you already have /

▶ To start, / you just need a pretty decent camera—/

a smartphone totally counts. /

▶ It's a good idea / to try making videos / using your phone first /

because if you don't end up loving life as a vlogger, /

at least you didn't spend a lot of money / on an expensive camera. /

2. Don't be camera shy /

▶ Recording can feel uncomfortable, / but someone once told me /

to pretend I'm talking to a friend. /

▶ Then you're not overwhelmed, / thinking, /

Oh, will all these people be interested in this video? /

▶ That tip really changed my life. /

확인학습

우리말 최종 해석을 보고 영어 문장으로 말한 다음 펜으로 쓰세요.

당신도 유튜브 스타가 될 수 있다!

1. 장비를 이용하라 / 이미 가지고 있는 장비 말이다. /

우선, / 아주 그럴듯한 카메라가 필요하다 / 스마트폰도 완전 인정한다. / 참 좋은 생각인 게 / 비디오를 한번 만들어 보는 것이다 / 그것도 먼저 자기 스마트폰을 이용해서 말이다 / 왜냐하면, 만약에 결국 빌로거로서의 삶이 별로라고 결정이 나면, / 적어도 많은 돈을 쓴 건 아니지 않은가? / 비싼 카메라에 말이다. /

2. 카메라 앞에서 두려워하지 말라. /

녹화가 불편하게 느껴질 수도 있다 / 그렇지만 누군가 예전에 내게 말해 주기를 / 친구에게 말하듯이 하라는 것이었다. / 그러면 뭔가에 압도되지 않고 / 이런 생각을 하게 된다, / 가만, 이 사람들이 다 이 비디오에 관심이나 있을까? / 그 충고가 정말 내 인생을 바꿔 놓았다. /

회화로 응용하기

다음 회화를 큰 소리로 다섯 번 낭독하세요.

☐ ☐ ☐ ☐ ☐

A I have a question, Jane. Can I be a YouTube star too?

B Sure. Anybody can be a YouTube star.

A What should I do first? Do I have to buy a camcorder?

B You don't have to. Your smartphone totally counts.

A Really? Good to hear that. But I'm camera shy.

B I understand. Why don't you[1] try this way? Pretend you're talking to me in front of a camera.

A Talking to you?

B Yes. When you talk to me, you're not shy at all. Talk to the camera just like you talk to me. Then you'll find yourself[2] not being overwhelmed.

A It sounds persuasive[3].

A 제인, 질문이 있어. 나도 유튜브 스타가 될 수 있을까?
B 그럼. 누구든 유튜브 스타가 될 수 있지.
A 먼저 뭘 해야 돼? 캠코더를 사야 하나?
B 그럴 필요 없어. 스마트폰이면 완전 충분해.
A 정말? 듣던 중 반가운 소리네. 하지만 난 카메라 앞에선 수줍음 많이 타는데.
B 그럴 수도 있지. 이런 방법을 시도해 보면 어때? 카메라 앞에서 나하고 대화하는 것처럼 해 봐.
A 너하고 대화를?
B 그래. 너 나랑 얘기할 때는 전혀 안 수줍어하잖아. 나하고 말하듯이 카메라에 대고 말해. 그러면 어느새 전혀 주눅들지 않고 잘하게 될 걸.
A 그거 설득력 있네.

1) Why don't you ~? ~해 보면 어떨까?
2) find oneself ~ 자신이 ~ 상태임을 어느 순간 알게 되다
3) persuasive 설득력 있는

DAY 11

직사각형의 얇고 멋들어진 휴대전화. 이게 갑자기 사라진다면 아마 우리 생활은 마비가 될 겁니다. 그만큼 의존을 많이 한다는 건데, 전혀 예상하지 못했던 선물이 휴대전화에서 도착했습니다. 바로 얼굴에 생긴 주름살. 무슨 이야기일까요?

DAY 12

아래 힌트 단어를 보며 전체 의미를 파악해 보세요.

You're Noticing Weird Lines

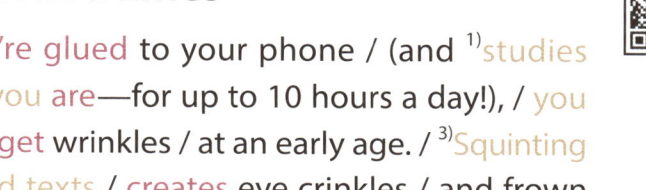 If you're glued to your phone / (and ¹⁾studies say / you are—for up to 10 hours a day!), / you ²⁾may get wrinkles / at an early age. / ³⁾Squinting to read texts / creates eye crinkles / and frown lines, / while / ³⁾looking down at your cell / leads to "tech neck," / a crease / that resembles a choker. / Repetitive motions gradually weaken the skin. /

Tech Support: / Increase your font to Mom and Dad size / (20 points or more). / And chin up! / Keep your cell at eye level. /

Skin S.O.S.: / ⁴⁾No matter what, / the eye area is the first to wrinkle. / Prevent that / by using a cream / packed with vitamins A, C, and E. /

---

be glue to one's phone 하루 종일 전화기를 끼고 살다
squint 눈을 가늘게 뜨다
crinkle 잔주름
cell 휴대전화 (= cellphone)
tech neck 목에 생기는 주름
chocker 목에 꼭 끼는 목걸이

독해가 쉬워지는 한끗
GRAMMAR

① studies는 동사가 아니라 명사 study의 복수형이에요. study는 명사로 '연구'의 뜻이 있답니다.
② can보다 가능성이 낮을 때 이 may를 씁니다.
③ 동명사가 주어 자리에 오면서 현재 시제 문장일 때, 동사는 항상 3인칭 단수로 취급해요. 그래서 동사 뒤에 -(e)s를 붙입니다.
④ no matter what은 whatever로 바꿔 쓸 수 있으며 여기서는 '그게 뭐든'의 의미로 쓰였어요.

단어와 뜻을 크게 읽으면서 영어 단어를 정성스레 쓰세요.

notice	의식하다, 눈치채다
weird	아주 이상하고 일반적이지 않은
line	주름살
be glued to	~에 고정되다
up to	(최대치를 뜻하는) ~까지
wrinkle	주름, 주름이 생기다
squint	눈을 가늘게 뜨고 보다
crinkle	잔주름
frown line	얼굴을 찌푸려서 생긴 주름
while	반면에
look down at	~을 내려다보다
lead to	~로 이끌다
tech neck	전화기를 아래로 계속 내려다보기 때문에 목 주위에 생기는 주름
crease	주름
resemble	닮다, 유사하다
choker	목에 꼭 끼는 목걸이
repetitive	계속 반복되는, 반복적인
gradually	서서히, 점차적으로
weaken	약화시키다
tech support	기술 지원
chin up	턱을 들다
eye level	눈높이
no matter what	어떤 경우라도
prevent	막다, 예방하다
packed with	~로 가득한

DAY 12

차곡차곡 어휘 쌓기 B

우리말을 보고 앞에서 학습한 단어를 쓰세요.

막다, 예방하다	~로 가득한	어떤 경우라도
턱을 들다	눈높이	기술 지원
약화시키다	서서히, 점차적으로	계속 반복되는, 반복적인
목에 꼭 끼는 목걸이	닮다, 유사하다	주름
~로 이끌다	목 주위에 생기는 주름	~을 내려다보다
반면에	잔주름	얼굴을 찌푸려서 생긴 주름
(최대치를 뜻하는) ~까지	주름, 주름이 생기다	눈을 가늘게 뜨고 보다
주름살	의식하다, 눈치채다	~에 고정되다
막다, 예방하다	턱을 들다	아주 이상하고 일반적이지 않은
닮다, 유사하다	약화시키다	~로 이끌다
의식하다	눈을 가늘게 뜨고 보다	~을 내려다보다
서서히	어떤 경우라도	~로 가득한
눈높이	반복적인	주름, 주름이 생기다
주름	~에 고정되다	(최대치를 뜻하는) ~까지
기술 지원	얼굴을 찌푸려서 생긴 주름	목 주위에 생기는 주름

의미해석

한 의미 단위씩 해석하세요.

You're Noticing Weird Lines

- If you're glued to your phone /

  (and studies say / you are — for up to 10 hours a day!), /

  you may get wrinkles / at an early age. /

- Squinting to read texts / creates eye crinkles / and frown lines, /

  while / looking down at your cell / leads to "tech neck," / a crease /

  that resembles a choker. /

- Repetitive motions gradually weaken the skin. /

- **Tech Support:** / Increase your font to Mom and Dad size / (20 points or more). /

- And chin up! /

- Keep your cell at eye level. /

- **Skin S.O.S.:** / No matter what, / the eye area is the first to wrinkle. /

- Prevent that / by using a cream / packed with vitamins A, C, and E. /

확인학습

우리말 최종 해석을 보고 영어 문장으로 말한 다음 펜으로 쓰세요.

(전혀 예상치 못한) 낯선 주름을 목격하다

당신이 만일 전화를 끼고 산다면 / (연구 결과가 말하기를 / 하루에 10시간까지도 전화기를 들고 있단다!), / 주름이 생길 수도 있다 / 이른 나이에 말이다. / 텍스트를 읽으려고 눈을 가늘게 뜨고 보는 건 / 눈가에 잔주름을 만들며 / 인상을 찌푸릴 때 생기는 주름을 만들어 낸다 / 반면에 / 휴대전화를 아래로 내려다보는 건 / "테크넥"에 이르게 한다, / 이것은 일종의 주름으로 / 목에 꼭 끼는 목걸이를 닮았다. / 반복되는 동작은 점차적으로 피부를 약하게 만든다. /

기술 지원: / 글자 크기를 엄마 아빠가 보는 크기로 늘려라 / (20 포인트 이상). / 그리고 턱을 들어라! / 휴대전화를 눈높이로 고정해라. /

피부 S.O.S.: / 어떤 경우라도, / 눈가는 가장 먼저 주름이 생기는 곳이다. / 그 주름을 막아라 / 크림을 이용하는 건데 / 비타민 A, C, E가 풍부한 크림을 이용하라. /

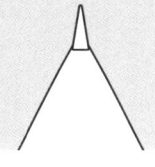

회화로 응용하기

다음 회화를 큰 소리로 다섯 번 낭독하세요.

☐ ☐ ☐ ☐ ☐

A I'm noticing weird lines on my face.

B I know the reason. You're glued to your phone.

A What's that got to do with[1] getting wrinkles?

B Listen. Squinting to read texts creates eye crinkles and frown lines.

A You must be right.

B And looking down at your cell leads to "tech neck," a crease that resembles a choker.

A Then what should I do not to get more wrinkles?

B Increase your font to Mom and Dad size, 20 points and more. And keep your cell at eye level.

A I see. And what should I do to prevent the eye area from[2] wrinkling?

B Use a cream packed with vitamins A, C, and E.

A 내 얼굴에 못 보던 주름이 생겼어.
B 내가 이유를 알지. 너 전화를 끼고 살잖아.
A 그게 주름 생기는 거랑 무슨 상관이 있어?
B 잘 들어 봐. 문자 보려고 눈을 가늘게 뜨잖아. 그럼 눈에 잔주름이 생기고 인상 쓸 때 생기는 주름이 만들어지는 거야.
A 네 말이 맞는 것 같아.
B 그리고 휴대전화를 아래로 내려다보면 "테크 넥"이 생겨. 이게 목에 꼭 끼는 목걸이를 닮은 주름이거든.
A 그럼, 주름이 더 안 생기게 하려면 어떻게 해야 하는데?
B 글자 크기를 엄마 아빠가 보는 크기로 키워. 20 포인트 이상으로. 그리고 휴대전화를 항상 눈높이에 맞추도록 해.
A 알았어. 그리고 눈가에 생기는 주름을 막으려면 어떻게 해야 해?
B 비타민 A, C, 그리고 E가 풍부한 크림을 써.

---

1) A has got to do with B   A와 B가 서로 관계가 있다
2) prevent A from B   A가 B 하는 것을 막다

DAY 12

컴퓨터, SNS와 더불어 등장한 것이 바로 악플러들입니다. 무심코 남긴 악성 댓글은 상대방의 목숨까지 앗아갈 수 있습니다. 악성 바이러스 같은 악플러, 한때 악플러였던 자신의 얘기를 털어 놓는 한 사람의 이야기를 들어 보세요.

아래 힌트 단어를 보며 전체 의미를 파악해 보세요.

DAY 13

I Was an Online Bully

Freshman year, / my friends made the volleyball team / and I didn't. / They were always busy / [1)]so I was alone a lot / and I took out my frustration online. / I began leaving mean comments / on random message boards / [2)]to stir up drama, / but then / it spiralled into picking fights with other users. / Once I left my computer screen up, / and my mom saw some of the things / I [3)]had posted. / I played [4)]it off / like [4)]it wasn't me / and she let [4)]it go. / But I felt so guilty / that I stopped commenting. / I'm still embarrassed about it. /

mean comment
남의 심기를 건드리는 악성 댓글

so+형용사+that ~
너무 형용사해서 ~하다

독해가 쉬워지는 한끗
GRAMMAR

① so는 앞에 나온 문장이 원인이 되어 뒤에 나오는 문장이 결과가 되도록 하는 접속사로 '그래서'의 뜻입니다.
② 앞서 행한 동작의 결과를 이렇게 to부정사로 표현할 수 있습니다.
③ 엄마가 본 것(saw)보다 내가 올린 게 더 먼저라서 과거완료로 표현했어요.
④ 첫 번째 it은 컴퓨터를 켜 놓은 것을 가리키고, 두 번째 it은 악성 댓글을 가리키며 세 번째 it은 켜 놓은 컴퓨터에 악성 댓글들이 있던 상황을 가리킵니다.

차곡차곡 어휘 쌓기 A

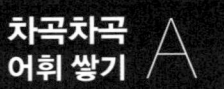

단어와 뜻을 크게 읽으면서 영어 단어를 정성스레 쓰세요.

online	온라인상의, 온라인상에서
bully	약자를 괴롭히는 사람, 폭군
freshman year	1학년생
volleyball	배구
alone	혼자인
take out	밖으로 끄집어내다
frustration	불만, 화, 짜증
begin+ V-ing	~하기 시작하다
mean	더러운, 쌍스러운, 비열한
comment	지적, 비판, 언급, 견해를 밝히다
random	닥치는 대로 하는, 무작위의
message board	게시판
stir up	불러일으키다, 부추기다
drama	극적인 상황, 극적임
spiral into	~의 상황 속으로 급진전되다
pick fights with	~에게 싸움을 걸다
once	한번은
leave	~한 상태로 놔두다
up	켜진 상태의
post	게시하다, 글을 올리다
play it off	일부러 그렇게 한 척하다
let it go	문제삼지 않다
guilty	죄책감이 드는
stop+V-ing	~하는 걸 그만두다
embarrassed	창피한, 당황스러운, 어색한

DAY 13

차곡차곡 어휘 쌓기 B

우리말을 보고 앞에서 학습한 단어를 쓰세요.

죄책감이 드는	창피한, 당황스러운	문제삼지 않다
켜진 상태의	게시하다, 글을 올리다	일부러 그렇게 한 척하다
한번은	~으로 급진전되다	~에게 싸움을 걸다
극적인 상황	부추기다, 불러일으키다	게시판
무작위의	지적, 비판, 언급	더러운, 쌍스러운, 비열한
혼자인	밖으로 끄집어내다	불만, 화, 짜증
온라인상의	약자를 괴롭히는 사람	1학년생
배구	문제삼지 않다	일부러 그렇게 한 척하다
부추기다, 불러일으키다	~으로 급진전되다	~에게 싸움을 걸다
창피한	죄책감이 드는	밖으로 끄집어내다
켜진 상태의	한번은	닥치는 대로하는, 무작위의
~하기 시작하다	더러운, 쌍스러운, 비열한	혼자인
화, 짜증	1학년생	약자를 괴롭히는 사람
지적, 비판, 언급	극적인 상황	게시판
~한 상태로 놔두다	~하는 걸 그만두다	~으로 급진전되다

의미해석

한 의미 단위씩 해석하세요.

I Was an Online Bully

- ▶ Freshman year, / my friends made the volleyball team / and I didn't. /

- ▶ They were always busy / so I was alone a lot /

  and I took out my frustration online. /

- ▶ I began leaving mean comments /

  on random message boards / to stir up drama, /

  but then / it spiralled into picking fights with other users. /

- ▶ Once I left my computer screen up, /

  and my mom saw some of the things / I had posted. /

- ▶ I played it off / like it wasn't me / and she let it go. /

- ▶ But I felt so guilty / that I stopped commenting. /

- ▶ I'm still embarrassed about it. /

확인학습

우리말 최종 해석을 보고 영어 문장으로 말한 다음 펜으로 쓰세요.

나는 인터넷상의 폭군이었다

대학교 1학년 때 / 내 친구들은 배구팀을 만들었다 / 그리고 난 아니었다. / 걔네들은 항상 바빴고 / 그래서 나는 혼자인 경우가 많았다 / 그리고 나는 내 불만과 짜증을 끄집어내어 온라인상에 쏟아냈다. / 난 악플을 달기 시작했다 / 여기저기 게시판에 닥치는 대로 말이다 / 그래서 극적인 분위기를 부추기기도 했는데 / 그럼 결국 다른 유저들과 싸움을 거는 상황으로 급진전되고 말았다. / 한번은 내가 컴퓨터 화면을 켠 상태로 뒀다 / 그래서 우리 엄마가 악플을 몇 개 보게 되었다 / 내가 올린 거였다. / 나는 일부러 화면을 켜 놓은 척했다 / 마치 (악플을 올린 게) 내가 아니라는 듯이 / 그리고 엄마는 문제삼지 않고 넘어갔다. / 하지만 난 몹시 죄책감을 느꼈고 / 그래서 악플 다는 것을 그만뒀다. / 난 여전히 그때 그 일이 부끄럽기 짝이 없다. /

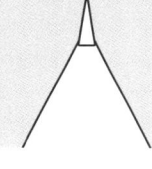

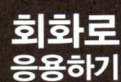

회화로 응용하기

다음 회화를 큰 소리로 다섯 번 낭독하세요.

☐ ☐ ☐ ☐ ☐

A Have you ever left mean comments on message boards?

B Yes. I was an online bully.

A I can't believe it. You don't use any mean words, do you?

B No, I don't, but I used to.

A Why? When and why did you do that?

B When I was a freshman, my friends made the volleyball team and I didn't. They were always busy so I was alone a lot and I took out my frustration online.

A Oh, you shouldn't have.[1]

B Yeah. I'm still embarrassed about it.

A 너 게시판에 악플 남겨 본 적 있어?
B 응. 나 예전에 컴퓨터상에서 완전 폭군이었어.
A 안 믿겨져. 너 평소에는 나쁜 말 전혀 안 하잖아.
B 그래. 안 하지. 하지만 옛날엔 그랬다고.
A 왜? 언제 왜 그랬어?
B 나 1학년 때. 내 친구들은 배구팀을 만들었는데 난 아니었거든. 걔네들은 늘 바빠서 나는 혼자 있는 때가 많았고 그래서 내 화와 분노를 끄집어내어 온라인에다 쏟아 냈던 거야.
A 그러지 말지 그랬어.
B 그러게. 지금도 그게 부끄럽고 창피해.

---

[1] shouldn't have (+과거분사) ~하지 말았어야 했다

한때 아무 영양소가 없다며 홀대 받던 섬유질이 질병 예방과 치유에 도움을 준다는 보고가 계속 나오고 있습니다. 섬유질이 우리 몸 안에 생기는 염증을 줄여 주기 때문이라는데요, 그 내용을 굉장히 조심스럽게 알려 주는 다음 이야기를 확인해 봅시다.

DAY 14

아래 힌트 단어를 보며 전체 의미를 파악해 보세요.

Ward off Illness with Food

1) Eating fiber-rich fruit and bread / can make you 79 percent more likely / to get older / without suffering illnesses, / according to an Australian study / 2) following 1,600 adults for 10 years. / At the end of the study, / 250 participants had gotten older / without chronic disease, / such as cancer or heart disease, / and also had no depression, / disability, cognitive impairment, diabetes / or other health problems—/ and those people had the highest fiber intake / from fruits and bread. / "We 3) speculate / that fiber 3) might be reducing inflammation in the body, / which is an important factor / in a lot of these diseases / and 4) could have a protective influence on health," / said the lead study author Bamini Gopinath at the University of Sydney. /

— from Oxygen —

ward off 막다, 피하다
follow (임상 실험 등에서) 추적하다
without chronic disease 만성 질환에 걸리지 않고
impairment 장애
inflammation 염증
lead 선도

독해가 쉬워지는 한끗
GRAMMAR

① 동명사는 '진행'의 의미도 포함하고 있으므로 eating을 '먹다 보면'으로 이해하는 것이 정확합니다.

② following 1,600 adults for 10 years = which followed 1,600 adults for 10 years 이처럼 명사 뒤에 놓여 명사를 꾸며 주는 〈동사-ing〉는 〈which+(주어)+동사〉로 바꿔 표현할 수도 있습니다.

③ speculate에는 '추측'의 의미, 뒤에 나오는 might는 '불확실한 가능성'을 의미하므로 단언하지 않고 얘기하는 것의 최대 효과를 내고 있습니다.

④ could는 '(희박한 가능성의) ~일 수도 있다'를 표현하며, 앞에 나온 fiber와 연결됩니다.

단어와 뜻을 크게 읽으면서 영어 단어를 정성스레 쓰세요.

ward off	~을 피하다, 막다
fiber-rich	섬유질이 풍부한
more likely to+V	~할 가능성이 더욱 큰
suffer	(병이나 고통에) 시달리다, (병에) 걸리다
according to	~에 따르면
study	연구
follow	계속 다루다, 지켜보다
participant	참가자
chronic	만성적인
heart disease	심장병
depression	우울증
disability	(신체적·정신적) 장애
cognitive impairment	인지 장애
diabetes	당뇨병
high fiber	고섬유질 식품 (건강식품)
intake	섭취
speculate	추측하다, 짐작하다
reduce	감소시키다
inflammation	염증
factor	요인, 인자
protective	보호하는, 방어적인
have an influence on	~에 영향을 주다
lead study author	대표 연구 저자

DAY 14

차곡차곡 어휘 쌓기 B

우리말을 보고 앞에서 학습한 단어를 쓰세요.

보호하는	염증	대표 연구 저자
요인, 인자	감소시키다	~에 영향을 주다
섭취	추측하다	고섬유질 식품 (건강식품)
당뇨병	(신체적·정신적) 장애	인지 장애
우울증	만성적인	심장병
연구	계속 다루다, 지켜보다	참가자
~을 피하다, 막다	(병에) 시달리다, 걸리다	~에 따르면
감소시키다	섬유질이 풍부한	~할 가능성이 더욱 큰
염증	요인, 인자	대표 연구 저자
고섬유질 식품	섭취	인지 장애
심장병	우울증	당뇨병
참가자	연구	(신체적·정신적) 장애
섬유질이 풍부한	방어적인, 보호하는	~할 가능성이 더욱 큰
만성적인	~에 따르면	계속 다루다, 지켜보다
짐작하다	지켜보다	~을 피하다, 막다

의미해석

한 의미 단위씩 해석하세요.

Ward off Illness with Food

▶ Eating fiber-rich fruit and bread / can make you 79 percent more likely /

to get older / without suffering illnesses, / according to an Australian study /

following 1,600 adults for 10 years. /

▶ At the end of the study, / 250 participants had gotten older /

without chronic disease, / such as cancer or heart disease, /

and also had no depression, / disability, cognitive impairment, diabetes /

or other health problems—/

and those people had the highest fiber intake / from fruits and bread. /

▶ "We speculate / that fiber might be reducing inflammation in the body, /

which is an important factor / in a lot of these diseases /

and could have a protective influence on health," /

said the lead study author Bamini Gopinath at the University of Sydney. /

확인학습

우리말 최종 해석을 보고 영어 문장으로 말한 다음 펜으로 쓰세요.

음식으로 병 막기

섬유질이 풍부한 과일과 빵을 먹다 보면 / 79퍼센트 이상의 가능성이 생긴다 / 나이가 들어가면서 / 여러 가지 병치레를 하지 않을 가능성 말이다 / 이는 호주에서의 한 연구에 따른 건데 / 이 연구에서는 10년 동안 성인 1,600명을 관찰했다. / 연구의 말미에, / 참가자 250명은 나이가 들어가면서 / 만성질환에 걸리지 않았다 / 예를 들면 암이나 심장병 같은 것 말이다 / 그리고 그 사람들에게는 또 우울증도 없었고, / 신체적·정신적 장애, 인지 장애, 당뇨병 / 또는 다른 건강상의 문제들이 전혀 없었다 / 그리고 그런 사람들은 고섬유질을 섭취했다 / 과일과 빵을 통해서 말이다. / "우리 추측인데요 / 섬유질이 몸 속의 염증을 줄여 줄 수도 있을 것 같습니다, / 이게 중요한 요인이죠 / 이 많은 질병에서 말입니다 / 그리고 그것이 건강을 보호해 줄 수도 있습니다," / 라고 대표 연구 저자인 시드니 대학의 바미니 고피나쓰는 말했다. /

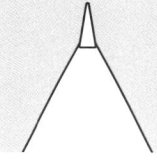

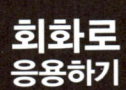

다음 회화를 큰 소리로 다섯 번 낭독하세요.

☐ ☐ ☐ ☐ ☐

A Is fiber good for health?

B Yes, it is.

A What's fiber got to do with[1] health?

B Fiber reduces inflammation in the body. We can take in fiber from fruits and bread.

A Really?

B Yes. Eating fiber-rich fruit and bread can make you more likely to get older without suffering illnesses.

A You mean inflammation in the body causes some diseases, so we need to reduce it by the help of fiber.

B That's right. Try to eat fiber-rich fruit and bread a lot.

A 섬유질이 건강에 좋아?
B 그래, 그렇다니까.
A 섬유질이 건강과 무슨 관계가 있는데?
B 섬유질이 몸 속의 염증을 줄여 줘. 과일이랑 빵으로 섬유질을 섭취할 수 있지.
A 정말?
B 그래. 섬유질이 풍부한 과일과 빵을 먹다 보면 병치레 없이 나이 들 가능성이 더 높아질 수 있어.
A 그러니까, 몸 속의 염증이 병을 일으키니까 우리가 섬유질의 도움으로 그 염증을 줄여야 된다는 거구나.
B 그렇지. 그러니까 섬유질이 풍부한 과일과 빵을 많이 먹도록 해.

---

1) have (got) something to do with ~와 관계가 있다

DAY 14

옷 하나 찾는데 서랍 전체를 헤집은 경우, 다들 한번쯤 있으시죠? 이것의 해결책이 바로 겉옷, 속옷, 양말을 직사각형으로 접어서 세워 놓는 것이랍니다. 이렇게 하면 공간을 최대한 활용할 수 있고 옷도 쉽게 찾아서 입을 수 있다고 하네요.

아래 힌트 단어를 보며 전체 의미를 파악해 보세요.

DAY 15

Folding like a Genius Will Change Your Life

 The secret to folding clothes is this: / Fold any garment, / even for your pants, underwear, and socks, / into a rectangle. / Does folding these items / sound like too much work? / Try it once. / Folding properly deflates clothes / and maximizes the amount / you can store. / Anything that can be stood on edge / ¹⁾should be stored upright in a drawer. / That way, / ²⁾you'll take ³⁾full advantage / of the height of your storage space / and be able to tell / at a glance / what is stored where. /
⁴⁾Having folded clothes properly once, / you'll find the next time much easier, / as if the fabric remembers the shape. /
– from RD –

folding like a genius
능숙하게 옷을 개키는 것

what is stored where
뭐가 어디에 저장되어 있는지

독해가 쉬워지는 한 꿀
GRAMMAR

① should는 하면 좋을 것 같다며 강하게 권유하는 의미를 표현합니다.

② will은 I will을 제외하고는 '아마도 ~일 것이다'의 의미로 쓰입니다. 여기서 will은 take 외에 뒤에 나오는 be와도 연결됩니다.

③ full이 명사 앞에 놓이면 '충분히', '빈틈없이', '전체를 다' 등의 뉘앙스를 전달합니다.

④ Having folded ~ once는 If you have folded ~ once를 줄여 표현한 것이에요. 긴 말을 조금이라도 줄여 말하려는 영어의 특징을 제대로 보여 주는 문장입니다.

차곡차곡 어휘 쌓기 A

단어와 뜻을 크게 읽으면서 영어 단어를 정성스레 쓰세요.

fold	접다, 개키다
like a genius	천재처럼, 아주 능숙하게
garment	의복, 옷
even for	심지어 ~에 대해서도
underwear	속옷
rectangle	직사각형
sound like	~처럼 들리다
properly	제대로, 적절히
deflate	오므라들게 하다
maximize	극대화하다
amount	(총) 양
store	저장하다, 보관하다
be stood on edge	세워지다
upright	수직으로, 세워서
drawer	서랍
take full advantage of	~을 충분히 이용하다
height	높이, 높음, (사람의) 키
storage space	저장 공간
tell	정확히 알다, 판다하다, 식별하다
at a glance	한눈에, 즉시
the next time	그 다음 번
much easier	훨씬 더 쉬운
as if	마치 ~인 것처럼
fabric	직물, 천
shape	형태, 모양

DAY 15

차곡차곡 어휘 쌓기 B

우리말을 보고 앞에서 학습한 단어를 쓰세요.

직물, 천	마치 ~인 것처럼	훨씬 더 쉬운
모양, 형태	정확히 알다, 판단하다	한눈에, 즉시
높이, 키	저장 공간	~을 충분히 이용하다
수직으로	저장하다, 보관하다	세워지다
(총) 양	오므라들게 하다	극대화하다
직사각형	속옷	의복, 옷
접다, 개키다	서랍	그 다음 번
저장하다	~처럼 들리다	제대로, 적절히
심지어 ~에 대해서도	(총) 양	천재처럼, 아주 능숙하게
저장 공간	세워지다	높이, 키
직사각형	의복, 옷	속옷
훨씬 더 쉬운	접다, 개키다	제대로
~처럼 들리다	한눈에, 즉시	마치 ~인 것처럼
의복, 옷	수직으로, 세워서	오므라들게 하다
접다, 개키다	그 다음 번	직사각형

의미해석

한 의미 단위씩 해석하세요.

Folding like a Genius Will Change Your Life

- ▶ The secret to folding clothes is this: /

- ▶ Fold any garment, /

  even for your pants, underwear, and socks, / into a rectangle. /

- ▶ Does folding these items / sound like too much work? /

- ▶ Try it once. /

- ▶ Folding properly deflates clothes / and maximizes the amount / you can store. /

- ▶ Anything that can be stood on edge / should be stored upright in a drawer. /

- ▶ That way, / you'll take full advantage / of the height of your storage space /

  and be able to tell / at a glance / what is stored where. /

- ▶ Having folded clothes properly once, / you'll find the next time much easier, /

  as if the fabric remembers the shape. /

확인학습

우리말 최종 해석을 보고 영어 문장으로 말한 다음 펜으로 쓰세요.

능숙하게 옷을 개키다 보면 아마 당신 삶이 바뀔 것이다

옷을 개키는 비결은 바로 이것이다: / 어떤 옷이든 개키면 된다 / 심지어 바지든, 속옷이든, 그리고 양말이든 / 직사각형으로 말이다. /
이런 품목들을 개킨다는 게 / 일이 너무 많은 것처럼 들리는가? / 한번 시도해 보라. / 제대로 옷을 개키다 보면 옷의 부피를 줄이고 / 양을 최대화 시키게 된다 / 보관할 수 있는 양 말이다. / 수직으로 세울 수 있는 것은 어떤 것이든 / 서랍 안에 똑바로 세워서 보관하는 것이 좋다. / 그런 식으로 하면, / 아마 최대한 이용하게 될 것이다 / 저장 공간의 높이를 말이다 / 그리고 분간할 수 있게 될 것이다 / 한눈에 / 뭐가 어디에 저장되어 있는지. /
옷을 한번 제대로 개켜 본 적이 있다면 / 그 다음 번은 훨씬 더 쉽다는 사실을 깨닫게 될 것이다, / 마치 천이 (개켜진) 그 모양을 기억하고 있는 것처럼 말이다. /

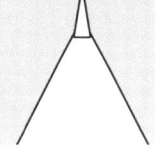

회화로 응용하기

다음 회화를 큰 소리로 다섯 번 낭독하세요.

☐ ☐ ☐ ☐ ☐

A How do you fold and store your clothes?

B I fold them into a rectangle. It is the ideal shape, even for your pants, underwear, and socks.

A It sounds like too much work.

B Try it once. You'll find it easier than you think[1].

A How do you store them?

B I store them upright in a drawer.

A Store them upright?

B That way, you'll take full advantage of the height of the drawer. And you can tell at a glance what is stored where.

A 너 평소에 옷을 어떻게 개키고 보관해?
B 난 옷을 직사각형으로 접어. 그게 이상적인 형태야. 바지, 속옷, 그리고 양말까지도 말이야.
A 그거 일이 너무 많은 것 같은데.
B 한번 해 봐. 생각보다 쉬울 거야.
A 보관은 어떻게 해?
B 접은 옷은 서랍에 세워서 넣어 두지.
A 세워서 보관한다고?
B 그렇게 하면 서랍 높이를 최대한 이용할 수 있게 돼. 그리고 뭐가 어디에 있는지를 한눈에 분간할 수 있지.

---

1) than you think (네가) 생각하는 것보다

DAY 15

STEP 1 앞서 배운 내용을 상대방에게 실제 이야기하듯 스피치 훈련을 하세요.
STEP 2 스피치 훈련이 끝나면 원하는 대로 필사 또는 해석 훈련을 하세요.

11 Do you want to be a YouTube star? Let me give you some tips. Don't purchase a camcorder. Use equipment you already have: your smartphone. It totally counts. An expensive camera doesn't make you a star. Are you camera-shy? Listen. When you record, pretend you're talking to a friend. You'll find yourself not being overwhelmed. Try it. It'll help.

12 Have you ever noticed weird lines on your face? Being glued to your cell may give you wrinkles. Squinting to read texts and looking down at your cell create eye crinkles and tech neck. Increase your font and keep your cell at eye level. And prevent your eye area from getting wrinkles by using a cream packed with vitamins A, C, and E.

13. I used to be an online bully. I was alone a lot because my friends were always busy playing volleyball. I finally decided to take out my frustration online. I began leaving mean comments on random message boards. I picked fights with other users. You know what? I'm still embarrassed about it.

14. Do you eat fiber-rich fruit and bread? You should. Fiber can make you more likely to get older without suffering illnesses, such as cancer and heart disease. It can also make you have no depression, disability, cognitive impairment, diabetes or other health problems. Do you know the reason why? Fiber reduces inflammation in the body.

15. Let me tell you the proper way to fold clothes. Regardless of how it looks, any garment can be folded into a rectangle. Anything that can be stood on edge should be stored upright in a drawer. That way, you'll take full advantage of the height of the drawer and be able to tell at a glance what is stored where.

예전에는 망막 기능 저하로 앞을 못 보는 건 불치병으로 여겼습니다. 하지만 새로운 치료법 개발로 치료가 가능해 질 수도 있다는 기대감이 생기고 있지요. 의학계의 끝없는 변화와 발전이 세상을 바꾸고 있는데, 오늘은 그것을 한번 알아보죠.

DAY 16

아래 힌트 단어를 보며 전체 의미를 파악해 보세요.

Visions of a Cure

Advances in new treatments, / such as gene and stem cell therapies and retinal implants, / raise hopes for something / 1)that would have been unthinkable 10 or 20 years ago: / an end to untreatable blindness. /
Multiple diseases can afflict the same eye. / Three common and treatable diseases / (cataracts, refractive errors, glaucoma) / occur in the front of the eye. / There currently is no cure for age-related macular degeneration, / 2)which occurs in the back of the eye / near the retina. /
Vision may account for nearly half the activity in the brain. / Failures in the retinal layers, / 2)which sense light and transmit signals, / can lead to blindness / that's at present untreatable. / This prognosis may change, however, / if 3)retinal treatments currently being tested / prove effective. /

cure 치료
gene 유전자
stem cell 줄기세포
retinal implant 망막 이식
untreatable 치료할 수 없는
afflict 해를 입히다
degeneration 퇴보, 악화
account for 담당하다
transmit 전송하다, 보내다
at present 현재로는
prognosis 예상, 예측
prove ~라고 입증되다

독해가 쉬워지는 한끗
GRAMMAR

① would have been ~은 과거 어떤 조건에서라면 ~였을 거라고 가정하는 표현이에요. that과 함께 관계대명사 문장을 이뤄 something을 꾸며 줘요.
② 콤마(,)+관계대명사는 내용에 따라 〈and, but, so+대명사로〉 이해하면 돼요. 첫 번째 , which는 and it (= macular degeneration), 두 번째 , which도 and it (= the retinal layers)이 되어요.
③ retinal treatments currently being tested = retinal treatments which are currently being tested로 [관계대명사+be동사]는 생략될 수 있어요.

차곡차곡 어휘 쌓기 A

단어와 뜻을 크게 읽으면서 영어 단어를 정성스레 쓰세요.

vision	비전, 시력
cure	치료, 치유(법)
advance	진전, 발전
treatment	치료, 처치
gene	유전자
stem cell	줄기세포
therapy	치료 요법
retinal implant	망막 이식
unthinkable	상상도 할 수 없는
untreatable	치료할 수 없는
blindness	실명
afflict	괴롭히다, 피해를 입히다
treatable	고칠 수 있는
cataract	백내장
refractive error	굴절 이상
glaucoma	녹내장
age-related	노화 관련된
macular degeneration	시력 감퇴
retina	망막
account for	차지하다, 설명하다
retinal layer	망막 층
sense	감지하다
transmit	전송하다, 보내다
lead to	~로 이어지다, ~로 이끌다
at present	현재로는, 지금은
prognosis	예상, 예측
test	시험하다
prove	~로 드러나다, 입증되다
effective	효과적인

DAY 16

차곡차곡 어휘 쌓기 B

우리말을 보고 앞에서 학습한 단어를 쓰세요.

효과적인	시험하다	~로 드러나다, 입증되다
유전자	예상, 예측	현재로서는, 지금은
감지하다	전송하다, 보내다	~로 이어지다, ~로 이끌다
망막 층	망막	차지하다, 설명하다
녹내장	노화 관련된	시력 감퇴
백내장	고칠 수 있는	굴절 이상
실명	치료할 수 없는	괴롭히다, 피해를 입히다
진전, 발전	치료, 처치	치료 요법
비전, 시력	치료, 치유(법)	유전자
해를 입히다	망막 이식	줄기 세포
입증되다	담당하다	예상, 예측
시험하다	효과적인	노화 관련된
치료할 수 없는	실명	진전, 발전
입증되다	현재로는	녹내장
상상도 할 수 없는	백내장	망막 이식

의미해석

한 의미 단위씩 해석하세요.

Visions of a Cure

- Advances in new treatments, /

    such as gene and stem cell therapies and retinal implants, /

    raise hopes for something / that would have been unthinkable 10 or 20 years ago: /

    an end to untreatable blindness. /

- Multiple diseases can afflict the same eye. / Three common and treatable diseases /

    (cataracts, refractive errors, glaucoma) / occur in the front of the eye. /

- There currently is no cure for age-related macular degeneration, /

    which occurs in the back of the eye / near the retina. /

- Vision may account for nearly half the activity in the brain. /

- Failures in the retinal layers, / which sense light and transmit signals, /

    can lead to blindness / that's at present untreatable. /

- This prognosis may change, however, /

    if retinal treatments currently being tested / prove effective. /

확인학습

우리말 최종 해석을 보고 영어 문장으로 말한 다음 펜으로 쓰세요.

치료법에 대한 비전

새로운 치료법의 발전, / 예를 들어, 유전자와 줄기세포 치료 요법, 그리고 망막 이식 같은 것이, / 뭔가에 대한 희망을 키워 주고 있다 / 이는 10년이나 20년 전이라면 생각할 수도 없었을 것으로, / 치료 불가능한 실명의 종말이다. /

복합적인 병들이 같은 눈에 (지속적으로) 피해를 줄 수 있다. / 일반적이고 치료 가능한 질환 세 가지는 / (백내장, 굴절 이상, 녹내장) / 눈의 앞부분에 생긴다. / 현재 노화 관련 시력 감퇴 치료법은 없는데 / 이 시력 감퇴는 눈의 뒤쪽에 생기며 / 망막 근처이다. /

시각은 두뇌 내 활동의 거의 절반을 차지한다고 볼 수 있다. / 망막 층의 기능 부전은, / 망막 층이 빛을 감지하고 신호를 전하는데, / 결국 앞을 볼 수 없는 상태에 이를 수 있다 / 그것은 현재로서는 치료가 불가능하다. / 하지만 이런 예측이 변할 지도 모른다. / 만약 현재 시험 중에 있는 망막 치료법이 / 효과가 있다고 판명된다면 말이다. /

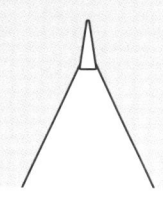

A Blindness was untreatable.

B Yes, it was. Wait a minute. You said 'was', not 'is'?

A Still untreatable, but advances in new treatments raise hopes for an end to blindness.

B Is that right? What a good news it is!

A There has been no cure for age-related macular degeneration.

B I know. It occurs in the back of the eye near the retina.

A That's right.

B Failures in the retinal layers can lead to blindness. And it is untreatable now.

A New retinal treatments are now being tested. If they prove effective, that prognosis may change.

A 실명은 치료가 불가능했지.
B 그래, 그랬지. 잠깐. 너 '하지'가 아니라 '했지'라고 했어?
A 아직도 치료 불가능이긴 하지만 새로운 치료법이 발전해 앞을 보지 못하는 것의 종말에 대한 희망을 키워 주고 있어.
B 그래? 정말 좋은 소식인 걸!
A 노화에 따른 시력 감퇴 치료법은 없고.
B 알아. 그건 망막 근처에 있는 눈의 뒤 부분에 생기잖아.
A 맞아.
B 망막층이 손상되면 실명에 이를 수 있어. 그건 지금 치료가 불가능하고.
A 새로운 망막 치료법이 지금 시험 중에 있어. 효과적이라고 판명되면 그 예상도 바뀔지 모르지.

〈스타트렉〉은 50년 전 TV에서 첫 방송된 후로 영화, 책, 게임에 이르기까지 다양한 분야에서 엄청난 성공을 거두었습니다. 〈스타트렉〉의 가장 큰 성공 요인으로 현실 과학에 기반을 둔 줄거리를 들 수 있는데요, 〈스타트렉〉 속 현실 과학을 한번 살펴볼까요?

아래 힌트 단어를 보며 전체 의미를 파악해 보세요.

The Real Science of *Star Trek*

1) Since its first TV episode aired 50 years ago, / *Star Trek* has boldly gone / where no science fiction has gone before. / Through 13 films, six TV series, / and a small galaxy of books, games, and other spin-offs, / 2) it's won new fans, / inspired real-world innovators, / and been a fixture / in the pop culture firmament. /

The secret of its highly logical success? / "Taking real science seriously," / says Andrew Fazekas, / author of a new book / on the series' fact-based astronomy and prescient technology. / "Unlike 3) more far-fetched sci-fi, / *Star Trek* plots are built on plausible science," / he says. / Yet 4) they're always rooted / in the spirit of adventure—/ the innate human urge to explore. /

– from ND –

air 방송하다, 방송되다
through ~을 통해
spin-off 파생 상품
fixture 붙박이, 고정
firmament 창공, 하늘
take 받아들이다
prescient 선견지명이 있는
far-fetched 터무니없는, 설득력 없는
innate 타고난
urge 욕구, 충동

독해가 쉬워지는 한끗
GRAMMAR

① 〈since+주어+과거동사, 주어+have+p.p.〉는 과거 어느 시점 이후로 지금까지 죽 계속 되고 있는 상태나 행동을 나타낼 때 써요.

② it's는 it has의 축약형이에요. 뒤의 inspired, been 앞에도 it's가 생략돼 있어요.

③ far-fetched 같은 3음절 이상의 형용사를 비교급으로 만들 때는 그 앞에 more를 쓰면 돼요.

④ they're=*Star Trek* plots are

단어와 뜻을 크게 읽으면서 영어 단어를 정성스레 쓰세요.

real science	현실 과학
episode	라디오나 TV 연속 프로그램의 방송분
air	방송하다, 방송되다
boldly	대담하게
science fiction (= sci-fi)	공상과학 영화
a galaxy of	기라성 같은 ~
spin-off	파생 상품, 파생 효과
inspire	영감을 주다
real-world	현실에 존재하는
innovator	혁신가, ~의 도입자
fixture	붙박이, 고정
pop culture	대중문화
firmament	창공, 하늘 (문어체)
highly	대단히, 크게
logical	타당한, 논리적인
take	받아들이다
fact-based	사실에 기반을 둔
astronomy	천문학
prescient	선견지명이 있는
unlike	~와는 달리
far-fetched	터무니없는, 설득력 없는
be built on	~에 의거하다, ~에 기초를 두다
plausible	그럴듯한, 타당한 것 같은
be rooted in	~에 뿌리박고 있다
innate	타고한, 선천적인
urge	욕구, 충동
explore	탐구하다, 탐사하다

차곡차곡 어휘 쌓기 B

우리말을 보고 앞에서 학습한 단어를 쓰세요.

욕구, 충동	탐구하다, 탐사하다	타고한, 선천적인
그럴듯한	~에 기초를 두다	~에 뿌리박고 있다
~와는 달리	선견지명이 있는	터무니없는, 설득력 없는
천문학	받아들이다	사실에 기반을 둔
타당한, 논리적인	대단히, 크게	현실 과학
붙박이, 고정	창공, 하늘 (문어체)	대중문화
영감을 주다	현실에 존재하는	혁신가, ~의 도입자
연속 프로그램의 방송분	파생 상품, 파생 효과	공상과학 영화
대담하게	방송하다, 방송되다	기라성 같은
욕구, 충동	터무니없는	현실 과학
받아들이다	영감을 주다	사실에 기반을 둔
선견지명이 있는	~와는 달리	~에 뿌리박고 있다
대중문화	천문학	탐구하다, 탐사하다
창공, 하늘	타당한, 논리적인	~에 의거하다, 기초를 두다
타고난, 선천적인	공상과학 영화	현실에 존재하는

의미해석

한 의미 단위씩 해석하세요.

The Real Science of *Star Trek*

▶ Since its first TV episode aired 50 years ago, /

Star Trek has boldly gone / where no science fiction has gone before. /

▶ Through 13 films, six TV series, /

and a small galaxy of books, games, and other spin-offs, /

it's won new fans, / inspired real-world innovators, /

and been a fixture / in the pop culture firmament. /

▶ The secret of its highly logical success? /

▶ "Taking real science seriously," / says Andrew Fazekas, / author of a new book /

on the series' fact-based astronomy and prescient technology. /

▶ "Unlike more far-fetched sci-fi, /

Star Trek plots are built on plausible science," / he says. /

▶ Yet they're always rooted / in the spirit of adventure—/

the innate human urge to explore. /

확인학습

우리말 최종 해석을 보고 영어 문장으로 말한 다음 펜으로 쓰세요.

스타트렉의 현실 과학

첫 TV 에피소드가 50년 전에 방송된 이래로, / <스타트렉>은 지금까지 과감하게 가고 있다 / 그 어떤 공상과학 영화도 이전에 가 본 적이 없는 곳까지 말이다. / 13편의 영화와 여섯 편의 TV 시리즈, / 그리고 작은 기라성 같은 책들, 게임들과 다른 파생상품들을 통해서, / <스타트렉>은 새로운 팬들을 확보했고, / 실제 현실에 존재하는 혁신가들에게 영감을 주었으며, / 붙박이가 되어 / 대중문화의 창공에 늘 있다. / 스타트렉의 대단히 논리적인 성공의 비결은? / "현실 과학을 진지하게 받아들인 것,"이라고 / Andrew Fazekas는 말한다 / 그는 새로 나온 책의 저자로 / 책은 스타트렉의 '사실을 기반으로 한 천문학'과 '선견지명이 있는 기술'을 담고 있다. / "더더욱 터무니없는 공상과학 영화들과 달리, / <스타트렉> 줄거리들은 타당성 있는 과학에 기초하고 있습니다" / 그는 말한다. / 하지만 <스타트렉>의 줄거리들이 늘 뿌리박고 있는 것은 / 모험 정신 / 즉, 선천적인 인간의 탐구욕이다. /

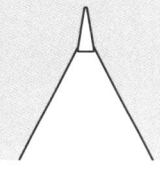

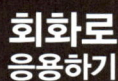

회화로 응용하기

다음 회화를 큰 소리로 다섯 번 낭독하세요.

☐ ☐ ☐ ☐ ☐

A Have you seen *Star Trek*?

B Of course. It's one of my favorite movies.

A I like the plots of *Star Trek*.

B So do I. They are built on plausible science.

A That's right. *Star Trek* took real science seriously.

B So it inspired real-world innovators.

A You can say that again. It has been a fixture in the pop culture firmament.

B I couldn't agree with you more.

A And its plots are always rooted in the spirit of adventure. The innate human urge to explore.

A 너 〈스타트렉〉 봤어?
B 당연하지. 내가 제일 좋아하는 영화인데.
A 난 〈스타트렉〉 줄거리가 진짜 마음에 들어.
B 나도 그래. 타당성 있는 과학에 근거한 거잖아.
A 맞아. 〈스타트렉〉이 현실 과학을 진지하게 받아들이긴 했지.
B 그래서 실제 혁신가들에게 영감을 불어 넣기도 했고.
A 맞아 맞아. 〈스타트렉〉은 대중문화란 창공에 완전히 붙박이가 됐지.
B 백 번 옳은 말이야.
A 줄거리는 항상 모험 정신에 뿌리박고 있어. 인간의 타고난 탐구욕에 뿌리를 내린 거야.

DAY 17

유럽 연합은 애플 사가 아일랜드에 현지 법인을 두고서 탈세를 엄청나게 했다고 판결을 내리고 그것을 갚으라고 명령했습니다. 이에 애플 사는 물론이요, 미국 정부에서도 대단히 민감한 반응을 보이고 있습니다. 총성 없는 세금 전쟁, 지금 확인해 보시죠.

DAY 18

아래 힌트 단어를 보며 전체 의미를 파악해 보세요.

Chilling Effect on Trade

1) It has been more than 200 years / since the U.S. waged war with a European power over taxes. / But now a more modern transatlantic struggle is brewing / over much the same issue—/ this time with enormous sums in play. /
In August, / European Union officials ordered Apple / to pay a whopping $14.6 billion in back taxes / to Ireland, / where it stations key parts of its business. / 2) Stunned at the giant fine, / the U.S. Treasury told EU officials / the ruling 3) would have a "chilling effect" on trade / and 4) alleged / that EU wanted to inflict pain on the largest U.S. company. /

wage war 전쟁을 벌이다
over taxes 세금 문제로
brew 조짐을 보이다
in play 진행 중인
back tax 체납 세금
order A to+동사원형
A에게 ~하라고 명령하다
fine 벌금
ruling 판결, 결정
allege 주장하다
inflict 괴로움을 가하다

독해가 쉬워지는 한끗
GRAMMAR

① 〈현재완료+since+과거시제〉 구문은 '과거에 어떤 일이 일어난 이래로 지금까지 유효한 상태의 일'을 말할 때 써요.

② 문장 앞이 stunned 같은 과거분사로 시작하면, 문맥에 맞게 '~해서, ~한다면, ~한 상태로' 등으로 이해해 보세요. 여기서는 '망연자실한 상태가 되어서'가 자연스럽겠네요.

③ 문장의 핵심 시제가 과거형(told)이라 이 영향으로 will have a "chilling effect" on trade의 시제가 would로 바뀌었어요.

④ alleged는 앞에 나온 the U.S. Treasury와 연결되는 동사입니다.

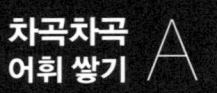

단어와 뜻을 크게 읽으면서 영어 단어를 정성스레 쓰세요.

chilling	으스스한
effect	영향, 결과
trade	거래, 무역
wage war	전쟁을 벌이다
power	정권, 강대국
tax	세금
modern	현대의, 최신의
transatlantic	대서양 횡단의
struggle	싸움, 투쟁
brew	(안 좋은 일이 일어날) 조짐을 보이다
much the same	거의 마찬가지의, 거의 같은
issue	문제, 쟁점
enormous	엄청난, 거대한
sum	합계, 총액
in play	진행 중인
European Union	유럽 연합
official	임원, 공무원
order	명령하다
whopping	엄청난, 큰
back tax	체납 세금
station	배치하다, 주둔시키다
key	핵심적인, 필수적인
stunned	망연자실한, 실신 상태인
giant fine	엄청난 벌금
Treasury	재무부
ruling	판결, 결정
allege	주장하다
inflict	괴로움을 가하다

DAY 18

차곡차곡 어휘 쌓기 B

우리말을 보고 앞에서 학습한 단어를 쓰세요.

주장하다	판결, 결정	괴로움을 가하다
재무부	엄청난 벌금	망연자실한, 실신 상태인
명령하다	핵심적인, 필수적인	체납 세금
엄청난, 큰	임원, 관리, 공무원	배치하다, 주둔시키다
진행 중인	으스스한	유럽 연합
문제, 쟁점	합계, 총액	엄청난, 거대한
싸움, 투쟁	현대의, 최신의	거의 마찬가지의, 거의 같은
대서양 횡단의	재무부	(안 좋은 일이 일어날) 조짐을 보이다
세금	정권, 강대국	전쟁을 벌이다
으스스한	영향, 결과	거래, 무역
배치하다, 주둔시키다	엄청난, 큰	체납 세금
합계, 총액	망연자실한, 실신 상태인	문제, 쟁점
정권, 강대국	괴로움을 가하다	거의 마찬가지의, 거의 같은
판결, 결정	주장하다	(안 좋은 일이 일어날) 조짐을 보이다
전쟁을 벌이다	대서양 횡단의	진행 중인

의미해석

한 의미 단위씩 해석하세요.

Chilling Effect on Trade

- ▶ It has been more than 200 years /

    since the U.S. waged war with a European power over taxes. /

- ▶ But now a more modern transatlantic struggle is brewing /

    over much the same issue — / this time with enormous sums in play. /

- ▶ In August, / European Union officials ordered Apple /

    to pay a whopping $14.6 billion in back taxes / to Ireland, /

    where it stations key parts of its business. /

- ▶ Stunned at the giant fine, / the U.S Treasury told EU officials /

    the ruling would have a "chilling effect" on trade / and alleged /

    that EU wanted to inflict pain on the largest U.S. company. /

확인학습

우리말 최종 해석을 보고 영어 문장으로 말한 다음 펜으로 쓰세요.

무역에 위협적인 영향

200년 이상이 흘렀다 / 미국이 세금을 놓고 유럽의 한 강대국을 상대로 전쟁을 벌인 이후로 말이다. /
하지만 지금 (그때보다) 더 현대적인 대서양 횡단 전쟁의 조짐이 일어나고 있다 / 예전과 거의 같은 문제인데 / 이번에는 엄청난 총액이 진행 중인 상태이다. /
8월에, / 유럽 연합 관료들이 애플 사에 명령한 게 / 146억 달러라는 엄청난 돈을 체납 세금으로 지불하라는 것이었다 / 아일랜드에게 말이다. / 아일랜드는 애플 사가 자사 사업의 주요 파트들을 배치해 놓은 곳이다. / 엄청난 벌금에 망연자실해서 / 미국 재무부는 유럽 연합 관료들에게 말했다 / 그 판결이 서로 간 무역에 "위협적인 영향"을 줄 것이라고 / 그리고 주장했다 / 유럽 연합이 미국 내 가장 큰 회사에 타격을 주려 한다고. /

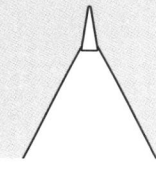

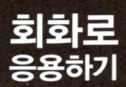
회화로 응용하기

다음 회화를 큰 소리로 다섯 번 낭독하세요.

☐ ☐ ☐ ☐ ☐

A EU ordered Apple to pay back taxes to Ireland.

B Back taxes? How much?

A $14.6 billion.

B What did you say?

A You heard me.[1] $14.6 billion.

B Holy Cow![2] They must be crazy.

A Even Ireland is appealing against[3] the ruling.

B It may have a bad effect on trade between EU and the U.S.

A This battle extends far beyond Apple.

B No doubt about it.

A 유럽 연합이 애플 사에다 아일랜드에 체납 세금을 내라고 명령했대.
B 체납 세금? 얼만데?
A 146억 달러.
B 뭐라고 그랬어 지금?
A 지금 들은 대로야. 146억 달러.
B 세상에. 미쳤다. 미쳤어.
A 아일랜드마저도 그 판결에 항소한대.
B 유럽 연합과 미국 사이 무역에 악영향을 미칠 수도 있겠는 걸.
A 이 전쟁이 애플 사를 훨씬 넘어서 확대되는 거지.
B 그야 당연한 거고.

---

1) You heard me. 네가 지금 들은 대로야.
2) Holy Cow! 세상에. 맙소사. 뭔 그런 일이 다!
3) appeal against ~을 상대로 항소하다

톨스토이의 '사람은 무엇으로 사는가(What Men Live By)'는 최고의 단편 소설로 오랫동안 사랑받아 왔습니다. 가난한 제화공의 이야기를 통해 우리 삶을 되돌아보게 만드는 이 작품은 탄탄한 이야기 구성으로 감동을 주지요. 이 작품의 첫 단락을 확인해 볼까요?

DAY 19

아래 힌트 단어를 보며 전체 의미를 파악해 보세요.

What Men Live by

1) A shoemaker named Simon, / who had neither house nor land of his own, / lived with his wife and children in a peasant's hut, / and earned his living / by his work. / Work was cheap, / but bread was dear, / and 2) what he earned he spent for food. / The man and his wife had but one sheepskin coat between them / for winter wear, / and even that was torn to tatters, / and this was the second year / 3) he had been wanting to buy sheep-skins for a new coat. / Before winter / Simon saved up a little money: / a three-rouble note 4) lay hidden / in his wife's box, / and five roubles and twenty kopeks 5) were owed him / by customers in the village. /

earn one's living
생계를 꾸리다
dear 비싼
but = only
torn to tatters
떨어져 넝마가 돼 버린

독해가 쉬워지는 한끗
GRAMMAR

① 〈명사+named+이름〉은 거의 99% '~라는 이름의 명사'로 해석하면 돼요.

② 이 문장은 원래 He spent what he earned for food.인데 목적어인 what he earned를 강조하기 위해 문장 앞으로 뺀 경우입니다.

③ had been -ing는 과거보다 더 앞선 어느 시점에서 시작되어 과거에 이르기까지 계속된 상황이나 행동을 나타낼 때 써요.

④ lay는 lie(~의 상태로 놓여 있다)의 과거형으로 lay hidden은 '숨겨진 상태로 있었다'예요.

⑤ be owed 앞에 he 같은 사람이 왔다면 돈을 받아야 할 사람을 강조하고, 돈이 왔다면 받아야 할 돈을 강조합니다.

단어와 뜻을 크게 읽으면서 영어 단어를 정성스레 쓰세요.

단어	뜻
shoemaker	제화공
named	~라고 불리는, ~라는 이름의
neither A nor B	A도 아니고 B도 아닌
land	땅
of one's own	자기 소유의
peasant	농부, 소작농
hut	오두막
earn one's living	밥벌이를 하다, 생계를 꾸리다
bread	빵, 생활비, 돈
dear	비싼
earn	벌다
but	오직 (= only)
sheepskin	양가죽
winter wear	겨울 옷
torn to tatters	뜯어져서 넝마가 된 상태인
save up	(돈을) 모으다
rouble	(러시아 화폐 단위) 루블
note	지폐
lie	~의 상태에 놓이다
hidden	숨겨진
kopek	코펙, (1/100 루블)
be owed	~에게 빚지다
customer	손님, 고객
village	마을, 부락

DAY 19

차곡차곡 어휘 쌓기 B

우리말을 보고 앞에서 학습한 단어를 쓰세요.

마을, 부락	손님, 고객	~에게 빚지다
지폐	코펙, (1/100 루블)	~한 상태에 놓이다
(돈을) 모으다	(러시아 화폐) 루블	뜯어져서 넝마가 된 상태인
오직 (= only)	양가죽	겨울 옷
비싼	돈, 생활비, 빵	밥벌이를 하다, 생계를 꾸리다
오두막	농부, 소작농	자기 소유의
땅	~라고 불리는	A도 아니고 B도 아닌
숨겨진	~에게 빚지다	마을, 부락
(돈을) 벌다	~한 상태에 놓이다	비싼
돈, 생활비, 빵	제화공	뜯어져서 넝마가 된 상태인
양가죽	(돈을) 모으다	밥벌이를 하다
손님, 고객	마을, 부락	A도 아니고 B도 아닌
양가죽	겨울 옷	농부, 소작농
~에게 빚지다	땅	지폐

의미해석

한 의미 단위씩 해석하세요.

What Men Live by

▶ A shoemaker named Simon, / who had neither house nor land of his own, /

lived with his wife and children in a peasant's hut, /

and earned his living / by his work. /

▶ Work was cheap, / but bread was dear, / and what he earned he spent for food. /

▶ The man and his wife had but one sheepskin coat between them /

for winter wear, / and even that was torn to tatters, /

and this was the second year /

he had been wanting to buy sheep-skins for a new coat. /

▶ Before winter / Simon saved up a little money: /

a three-rouble note lay hidden / in his wife's box, /

and five roubles and twenty kopeks were owed him /

by customers in the village. /

확인학습

우리말 최종 해석을 보고 영어 문장으로 말한 다음 펜으로 쓰세요.

사람은 무엇으로 사는가

사이먼이라는 제화공이 / 자기 소유의 집도 땅도 없이 / 아내, 그리고 아이들과 함께 소작농의 오두막에서 살았다 / 그리고 자기 일을 하며 밥벌이를 했다. / 일하고 받는 돈은 쌌다 / 하지만 생활비는 비쌌다. / 그나마 버는 돈은 다 음식값으로 썼다. / 사이먼과 그의 아내는 양가죽 코트가 둘 사이에 단 하나밖에 없었다 / 겨울 옷으로 말이다, / 그리고 심지어 그것도 거의 누더기 수준이었다, / 그래서 이번이 두 번째 해로 / 사이먼은 새로운 코트를 만들게 양가죽을 계속 사고 싶어 했었다. / 겨울이 오기 전에 / 사이먼은 돈을 약간 모았다 / 3루블 지폐가 숨겨져 있었다 / 아내의 상자 안이었다, / 그리고 5루블 20 코펙이 받을 돈으로 있었다 / 마을에 사는 고객들이 진 빚이었다. /

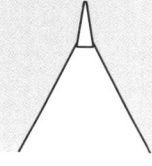

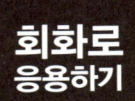

다음 회화를 큰 소리로 다섯 번 낭독하세요.

☐ ☐ ☐ ☐ ☐

A What do you do?

B I'm a shoemaker.

A Shoemaker! I need shoes. Can you make me mine?

B Sure.

A How is your business?

B Well… work is cheap, but bread is dear. What I earn I spend for food. I'm having a hard time.

A I understand. And it's much harder[1] to live during winter, isn't it?

B You bet. Business is very slow[2] during winter. And… I saved up a little money for a new coat, but I don't think that's enough.

A I hope you can go through[3] winter without too much trouble.

B Thank you.

A 무슨 일 하세요?
B 저는 구두를 만들어요.
A 구두를 만든다고요? 제가 신발이 필요한데. 제 것 좀 만들어 주실 수 있나요?
B 그럼요.
A 사업은 잘 되세요?
B 그게…일하고 받는 돈은 싼데 생활비는 비싸요. 버는 건 전부 음식에 들어갑니다. 힘들게 살고 있죠.
A 이해해요. 겨울에는 훨씬 더 힘들지 않아요?
B 맞아요. 겨울에는 경기가 정말 안 좋아요. 그리고…새 코트 하나 사려고 돈을 조금 모으긴 했는데 그걸로 충분할 지 모르겠어요.
A 너무 힘들지 않게 겨울 잘 지내셨으면 좋겠네요.
B 고마워요.

1) much harder 훨씬 더 힘든   2) Business is slow. 경기가 안 좋다.   3) go through ~을 겪다

가뭄의 발생 원인이 삼림 벌채일 수 있다는 연구 결과가 있습니다. 나무가 없어지면서 나무에서 나오는 엄청난 양의 수증기가 사라져 지구온난화와 가뭄에 치명적인 영향을 끼친다는 것입니다. 관련 이야기를 함께 읽어 볼까요?

DAY 20

아래 힌트 단어를 보며 전체 의미를 파악해 보세요.

Deforestation & Drought

Much of Brazil is gripped / by one of the worst droughts in its history. / Huge reservoirs are bone dry / and water [1)]has been rationed / in São Paulo, a megacity of 20 million people; / in Rio; and in many other places. /
Drought is usually thought of / as a natural disaster beyond human control. / But as researchers peer deeper into the Earth's changing bioclimate—/ the complex global interplay between living organisms and climatic forces—/ they are better appreciating the crucial role / [2)]that deforestation plays. /
Cutting down forests [3)]releases stored carbon dioxide, / [4)]which [3)]traps heat / and [3)]contributes to atmospheric warming. / But forests also affect climate in other ways, / by absorbing more solar energy than grasslands, / for example, / or releasing vast amounts of water vapor. /

deforestation 삼림 벌채
drought 가뭄
grip 움켜쥐다
reservoir 저수지
beyond human control 인간의 통제를 넘어선
peer into ~을 들여다보다
bioclimate 생물 기후
carbon dioxide 이산화탄소
absorb 흡수하다
solar energy 태양 에너지
water vapor 수증기

독해가 쉬워지는 한끗
GRAMMAR

① 물이 전부터 배급되기 시작해서 현재까지도 배급되는 상태라서 [have been + p.p.]로 나타냈어요.
② that은 관계대명사로 deforestation plays가 the crucial role을 꾸며 줘요.
③ 현재 시제 releases, traps, contributes를 사용함으로써 '변하지 않는 사실'을 말하고 있어요.
④ , which = and it 이렇게 콤마(,) 뒤에 관계대명사가 오면 [접속사 (and, but, so)+대명사]로 이해하면 돼요.

단어와 뜻을 크게 읽으면서 영어 단어를 정성스레 쓰세요.

deforestation	삼림 벌채, 삼림 파괴
drought	가뭄
be gripped by	~에 걸려 꼼짝 못하다
reservoir	저수지
bone dry	완전히 메마른
ration	제한적으로 배급하다
megacity	거대도시
think of A as B	A를 B로 간주하다
natural disaster	자연재해
peer into	~을 들여다보다
bioclimate	생물 기후
global interplay	지구의 상호 작용
living organism	생물
climatic force	기후 작용
appreciate	제대로 인식하다
crucial role	대단히 중요한 역할
cut down	자르다, 베어내다
release	방출하다
stored	저장된, 축적된
carbon dioxide	이산화탄소
trap heat	열을 가두다
contribute to	~의 원인이 되다
atmospheric warming	대기 온난화
affect	영향을 주다
in other ways	다른 방법으로
absorb	흡수하다
solar energy	태양 에너지
water vapor	수증기

DAY 20

차곡차곡 어휘 쌓기 B

우리말을 보고 앞에서 학습한 단어를 쓰세요.

흡수하다	수증기	태양 에너지
영향을 주다	다른 방법으로	대기 온난화
방출하다	자르다, 베어내다	~의 원인이 되다
저장된, 축적된	제대로 인식하다	열을 가두다
생물 기후	대단히 중요한 역할	이산화탄소
거대도시	기후 작용	수증기
저수지	~을 들여다보다	생물
자연재해	제한적으로 배급하다	지구의 상호 작용
가뭄	완전히 메마른	~에 걸려 꼼짝 못하다
삼림 벌채	생물 기후	A를 B로 간주하다
제대로 인식하다	~의 원인이 되다	지구의 상호 작용
이산화탄소	생물	방출하다
제한적으로 배급하다	저장된	기후 작용
완전히 메마른	흡수하다	대기 온난화
영향을 주다	삼림 벌채	~에 걸려 꼼짝 못하다
태양 에너지	거대도시	다른 방법으로

137

의미해석

한 의미 단위씩 해석하세요.

Deforestation & Drought

- Much of Brazil is gripped / by one of the worst droughts in its history. /

- Huge reservoirs are bone dry / and water has been rationed /

  in São Paulo, a megacity of 20 million people; / in Rio; and in many other places. /

- Drought is usually thought of / as a natural disaster beyond human control. /

- But as researchers peer deeper into the Earth's changing bioclimate—/

  the complex global interplay between living organisms and climatic forces—/

  they are better appreciating the crucial role / that deforestation plays. /

- Cutting down forests releases stored carbon dioxide, /

  which traps heat / and contributes to atmospheric warming. /

- But forests also affect climate in other ways, /

  by absorbing more solar energy than grasslands, / for example, /

  or releasing vast amounts of water vapor. /

DAY 20

확인학습

우리말 최종 해석을 보고 영어 문장으로 말한 다음 펜으로 쓰세요.

삼림 파괴와 가뭄

브라질의 많은 지역이 꼼짝 못하고 걸려든 상태이다 / 역사상 최악의 가뭄에 말이다. / 거대한 저수지들은 완전히 말라 버렸고 / 물은 제한적으로 배급되고 있다 / 인구 2,000만의 거대 도시 상파울로에서 / 리오에서 그리고 다른 많은 지역에서도 그렇다. /

가뭄이 대체로 간주되는 게 / 인간이 통제할 수 없는 자연재해라는 것이다. / 그러나 연구자들이 지구의 변화하는 생물 기후를 보다 깊이 들여다보면서 / (생물 기후는) 생물과 기후 작용들 사이의 대단히 복잡한 지구의 상호 관계이다 / 연구자들이 중요한 역할을 더욱 잘 이해하고 있다 / 삼림 파괴가 담당하는 중요한 역할 말이다.

숲을 베어내다 보면 삼림이 저장해 둔 이산화탄소를 방출하게 된다 / 이 이산화탄소가 열을 가두고 / 대기 온난화의 원인이 된다. / 그러나 삼림은 또 다른 방법으로 기후에 영향을 준다 / 풀밭보다 더 많은 태양 에너지를 흡수함으로써 / 예를 들어 / 아니면 엄청난 양의 수증기를 방출하는 것으로써 그렇다. /

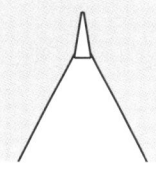

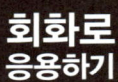
회화로 응용하기

다음 회화를 큰 소리로 다섯 번 낭독하세요.

☐ ☐ ☐ ☐ ☐

A Much of Brazil is gripped by one of the worst droughts in its history.

B I know. São Paulo and Rio have been rationed water.

A Drought is a natural disaster that we can't control.

B But they[1] say deforestation plays a crucial role in drought.

A Is that right? How?

B Cutting down forests releases stored carbon dioxide.

A That's true.

B It contributes to atmospheric warming.

A That's true again. Deforestation must be the main culprit in drought.

A 브라질의 많은 지역이 자국 역사상 최악의 가뭄에 빠졌어.
B 알아. 상파울로와 리오가 물을 제한 공급 받는 정도라니까.
A 가뭄은 우리가 통제할 수 없는 자연재해잖아.
B 그런데 사람들 말로는 삼림 벌채가 가뭄에 결정적인 역할을 한대.
A 그래? 어떻게?
B 삼림을 벌채하면 저장된 이산화탄소가 방출되는 거잖아.
A 그렇지.
B 그게 대기 온난화의 원인이 되는 거고.
A 그렇지. 삼림 벌채가 가뭄의 주범인 게 거의 틀림 없네, 틀림 없어.

1) they 일반 사람들

DAY 20

STEP 1 앞서 배운 내용을 상대방에게 실제 이야기하듯 스피치 훈련을 하세요.
STEP 2 스피치 훈련이 끝나면 원하는 대로 필사 또는 해석 훈련을 하세요.

16 There is no cure for age-related macular degeneration. It occurs in the back of the eye near the retina. Failures in the retinal layers can cause blindness which is untreatable now. However, new retinal treatments currently are being tested. If they prove effective, blindness can be treatable.

17 *Star Trek* has gone where no science fiction has gone before. It has inspired real-world innovators and been a fixture in the pop culture firmament. How do you think it has been so successful? It took real science seriously. Its plots are built on plausible science, but they're always rooted in the spirit of adventure, the innate human urge to explore.

18 EU ordered Apple to pay a whopping $14.6 billion in back taxes to Ireland. Apple stations key parts of its business in Ireland. The ruling may cause a transatlantic struggle. The U.S. Treasury told EU officials the ruling would have a "chilling effect" on trade. This battle seems to extend far beyond Apple.

19 Simon was a poor shoemaker living with his wife and children. Work was cheap, but bread was dear, and what he earned he spent for food. He shared only one sheepskin coat with his wife for winter wear, which was torn to tatters. He had been wanting to buy sheep-skins for a new coat, so saved up a little money: a three-rouble note.

20 We usually think of drought as a natural disaster beyond human control. However, peering into the Earth's changing bioclimate is revealing a different story. The story is that deforestation plays a crucial role in drought. Forests store carbon dioxide, absorb solar energy and release vast amounts of water vapor. Should cutting down forests keep going?

To. 여기까지 오신 분들께

Good Job!

정말 애 많이 쓰셨습니다.
지금 이 글을 보시는 분들은 이 책을 처음부터 끝까지 공부해 오신 분들이거나
아니면 책 끝에 뭐가 있는지 궁금해서 펼쳐 보신 분들이겠죠.
그 어느 쪽이든 좋습니다. 전자라면 뿌듯함을,
후자라면 더 열심히 하겠다는 마음가짐을 경험하게 되실 테니까요.
사실, 뭔가를 꾸준히 3주 넘게 하는 건 쉽지 않습니다. 하지만 그렇기 때문에
3주를 계속 하게 되면 습관화가 된다고 하지요.
이 습관이 드는 게 참 무서운 거예요. 때로는 어떤 생각이 들기도 전에
몸이 먼저 나가기도 하거든요. 물론 좋은 점도 있지요. 습관이 들어
살짝 타성에 젖어들 때쯤 나름의 응용도 하게 되고 다양한 시도도 하게 되니까요.
영어도 그렇습니다. 그렇지만 영어는 습관으로 자리잡은 사람이 참 드물어요.
책 끝에 뭐가 있는지 궁금해서 펼쳐 보신 분들, 여러분이 한번
그런 희귀한 사람이 돼 보시겠어요? 그래서 이 책으로 습관이 잡혔다면,
계속 이런 식으로 지속해도 되고요, (그런 분들을 위해 2권을 준비했답니다^^)
여기서 응용해 자신만의 방법으로 공부를 하셔도 괜찮습니다.
중요한 건,
여러분께 앞으로 귀한 자산이 될 영어 공부 습관이 들여졌다는 것이니까요.
너무 무리하지 말고, 정해진 시간에 시간 밥을 챙겨 먹는 것이
위 건강에 아주 좋듯이 빼먹지 않고 꾸준히 영어 하는 것,
잊지 말고 실행하시기 바랍니다.

보이지 않는 곳에서 여러분의 건승을 빕니다.